J. F. Herbart

J. F. Herbart

Grundzüge seiner Lehre

Von

Friedrich Franke

Wie die Welt ist, so muß sie erkannt werden, und was die Ideale fordern, davon läßt sich nichts abdingen.

Herbart, Aphorismen zur Päd. Nr. 78; H. 11, 445.

Leipzig

G. J. Göschen'sche Verlagshandlung

1909

Druck von Paul Dünnhaupt, Cöthen in Anhalt

Inhaltsübersicht.

Literatur.

(Ausgaben, Kommentare, Biographien.)

K = K. Kehrbach, Herbarts sämtl. Werke in chronologischer Reihenfolge. Bd. 1 1887; Bd. 11—15 hrsgg. von O. Flügel 1906/09. Dem Plane nach folgen noch die zahlreichen Briefe und verschiedene Nachträge.

H = G. Hartenstein, Herbarts sämtl. Werke. 12 Bde. 1854 ff. Ein 2. Abdruck 1883/93 hat dieselbe Paginierung und einen 13. Bd. mit Nachträgen. Sonderausgaben daraus:

Einl. = Lehrbuch zur Einleitung in die Philos.; wie Bd. 1, 1—360;

Enc. = Kurze Encyklopädie der Philos., aus praktischen Gesichtspunkten entworfen; wie Bd. 2;

Lb. z. Ps. = Lehrbuch zur Psychologie; wie 5, 1—414;

A. pr. Ph. = Allg. praktische Philosophie; wie 8, 1—187.

Bei Mehrauflagen legt K die erste, H die letzte zu Grunde; wo bei Zitaten die §§ nicht übereinstimmen, ist die Stelle nach H in [ ] gesetzt. Ferner bedeutet:

Ps. a. W. = Psychologie als Wissenschaft; K 5—6; H 5—6;

A P = Allg. Pädagogik; Einzelausgabe mit Einl. u. Anm. von Th. Fritzsch (Reclam);

U = Umriß päd. Vorlesungen; hier stets zitiert nach der erweiterten 2. Aufl. von 1841. — Ausg. von H. Wendt bei Reclam. — Kritisch durchgesehene Ausg. mit Einl. u. Anm. von H. Zimmer, Halle, Hendel. —

O. Willmann, Herbarts Päd. Schriften. 2 Bde. 2. Aufl. 1880. (Mit Einleitungen, Anm., vorzüglicher Zusammenordnung des Kontextes und sehr zweckmäßigen Registern; aber vergriffen.)

E. v. Sallwürk, H.'s Päd. Schr. 2 Bde. 7. Aufl. (Mit Biographie, ursprünglich von F. Bartholomäi, Anm. u. Register. Wir benutzen öfter die in dieser Ausgabe gebrauchten Ziffern für die Absätze und Aphorismen.)

K. Richter, H.'s Päd. Schr. 2 Bde. 2. Aufl. (Mit Biogr. u. Anm. im Anhange.)

E. Wagner, Vollständige Darstellung der Lehre Herbarts (Psychologie, Ethik und Pädagogik; zweckmäßig geordnete Originalstellen ohne Zutaten des Herausgebers, auch ohne Quellenangabe). 9. A.

O. Willmann, Über die Dunkelheit der „Allg. Päd." Herbarts; Jahrb. des Vereins für wiss. Päd. 5, 1873; dazu Bemerkungen von T. Ziller ebd. 7, 1875.

E. v. Sallwürk, Artikel „Herbart" in K. A. Schmidt, Gesch. d. Erziehung 4. Bd. II, 1898, S. 752—881.

Thilo, Flügel, Rein und Rude, Artikel über Herbart in Reins Encyklopädischem Handb. der Päd., mit den umfassendsten Litteraturangaben, in der 1. Aufl. mit Einschluß von Arbeiten in Zeitschriften.

Thilo, Eine Untersuchung über Herbarts Ideenlehre mit Rücksicht auf die von Lott, Hartenstein und Steinthal an ihr gemachten Ausstellungen. Zeitschrift für exakte Philosophie. 15. Bd. 1887. — Derselbe, Über das II. Buch der Allg. prakt. Philos. Herbarts. Ebenda 18. Bd. 1891. — Ders., Über Herbarts Verhalten bei der Göttinger Katastrophe i. J. 1837. Ebenda 13. Bd. 1885.

Felsch, Erläuterungen zu Herbarts Ethik mit Berücksichtigung der gegen sie erhobenen Einwendungen. 1899.

O. Hostinsky, Herbarts Ästhetik in ihren grundlegenden Teilen quellenmäßig dargestellt und erläutert. 1891.

O. Flügel, J. F. Herbart. 1905. (Heft 1 von: Männer der Wissenschaft, hrsgg. v. Jul. Ziehen.) — Ders., Herbarts Lehren und Leben. 1907.

W. Kinkel, J. F. Herbart, sein Leben und seine Philos. 1903 (Hält sich in Auslegung und Kritik zu sehr an Trendelenburg, A. Lange u. a.)

Weitere Literatur aus der Schule Herbarts folgt bei gegebenem Anlaß in der Darstellung der einzelnen Lehren.

Einleitung.

§ 1. Zweck dieser Darstellung.

Eine kurze, aber zuverlässige Einführung in die Lehre Herbarts scheint trotz der reichen Literatur für die Gegenwart ein Bedürfnis zu sein. Nach H. Zimmers Übersicht über „Die Herbartforschung" (Päd. Studien 1908, 2. Heft, 1909, 2. Heft) ist das literarische Interesse für Herbart wieder im Zunehmen begriffen, und auch E. v. Sallwürk hat in der „Päd. Jahresschau" ausgesprochen, daß Herbart wieder im Vordergrunde des Interesses stehe. Die Gegner, welche das Bedürfnis der Auseinandersetzung empfinden, kommen aber, dem Zuge der Zeit entsprechend, meist von irgend einem Spezialgebiete her und setzen an einem einzelnen Punkte an, wobei leicht das Ganze der Herbartischen Lehre im Dunkel bleibt und die eigene Lehre nicht unter dem Gesichtspunkte eines bloßen Teiles im Ganzen aufgefaßt wird*). Freilich gehört zu einer ernsten Beschäftigung mit Herbart die Luft des Bergsteigers, der nur durch große Aussichten belohnt sein will. Die Arbeiten z. B. von Walther, Ziechner, Reinicke, Willers, Häntsch, Dietering, die weiterhin zu nennen sind, haben aber der

*) Über die Gefahren der „Wissenschaftsatomistik" und der „Speziellologie" s. Theod. Vogt, Die Ursachen der Überbürdung an den deutschen Gymnasien, im 12. Jahrb. des Vereins f. wiss. Päd., 1880.

modernen Strömung z. T. mitten aus derselben heraus jenen hohen und tiefen Ernst aufs neue gezeigt. Die „Grundzüge" wenden sich nun an diejenigen, deren Sinn in einem engeren Rahmen auf das Ganze der Lehre Herbarts gerichtet ist, und suchen nicht bloß die einzelnen Teile darzustellen, sondern vor allem den inneren Zusammenhang derselben, die Architektonik des Systems in einfacheren Strichen vor Augen zu legen. Schon die Anordnung ist, immer Herbarts eigenen Weisungen folgend, so getroffen, daß das Inhaltsverzeichnis gleich die Gliederung des Systems gibt.

Unter den Einzeldisziplinen ist am bekanntesten die Pädagogik. Diese aber ist nach Herbarts Ausdruck eine angewandte Wissenschaft oder Kunstlehre, und die Leser der weitverbreiteten pädagogischen Schriften können sich in den „Grundzügen", wo die Pädagogik ihre natürliche Stelle ziemlich am Schlusse hat, über den Unterbau ihrer Wissenschaft vielleicht besser orientieren als in bloßen Einleitungen und Kommentaren, die fast unvermeidlich an erste Stelle rücken, was seiner Natur nach abgeleitet ist. Die pädagogischen Hauptschriften in ihrer systematischen Ordnung auszuziehen hat Verfasser, weil sie sogar in ganz billigen Ausgaben zu haben sind, unterlassen; dagegen hofft er durch die Ordnung unter einige Hauptbegriffe sowie durch die kombinatorische Übersicht der Unterrichtslehre für die „innere Leichtigkeit der Auffassung" und dadurch für das Genießen der allgemeinen Pädagogik und auch des Umrisses etwas getan zu haben.

Nicht im Plan lag die Befassung mit gegnerischen Ansichten; es wurde auf solche nur hingewiesen, um damit an lebendige Interessen anzuknüpfen. Auch die Nachfolger wurden nur genannt, wo auf Fortbildungen der Lehre Herbarts hinzuweisen war. Die Hauptabsicht ging immer dahin, aus Herbarts eigenen Werken das zusammenzustellen, was vom Standpunkte der Gegenwart aus geeignet schien, in jedem einzelnen Gebiete die richtige Grundvorstellungsart und zwischen den verschiedenen Gebieten die wesentlichen Zusammenhänge hervorzuheben. Dies geschah wo möglich mit Herbarts eigenen klassischen Worten, stets aber mit genauem Nachweise, nicht selten auch aus dem umfänglichen Kontexte. Die persönliche Stellung des Verfassers mußte diesem Zwecke gemäß ganz zurücktreten; doch suchte er sie auch nicht zu verbergen, und schon Griepenkerls Briefe an einen jüngeren gelehrten Freund (1832), die erste Schrift, die zu Herbarts Lehre hinführen sollte, wenden sich gegen die Ansicht, daß man nicht philosophieren könne, „ohne vorher den Menschen ausgezogen zu haben".

§ 2. Ein Blick auf Herbarts Leben.

Die erste und lange Zeit fast die einzige Quelle für die Biographen war die ausführliche Einleitung zu „Herbarts kleineren philosophischen Schriften und Abhandlungen nebst dessen wissenschaftlichem Nachlasse", herausgegeben von G. Hartenstein (1842, 3 Bände). Als die Rücksichten auf lebende Personen allmählich wegfielen, ist von Ziller, v. Sallwürk, Kehrbach, Flügel u. a. noch manches veröffentlicht worden. Eine weitere Ausbeute ist noch zu erwarten von den Briefen Herbarts, welche der 16. und 17. Band von Kehrbachs Ausgabe bringen werden. Einzelnes aus dem Lebensgange, das in der folgenden Skizze vielleicht vermißt wird, verflocht sich auf natürliche Weise mit der Darstellung der Lehre.

Johann Friedrich Herbart wurde geboren zu Oldenburg den 4. Mai 1776 als einziges Kind eines Justiz- und Regierungsrates. Er erhielt zunächst Privatunterricht und trat erst im 13. Jahre in das Gymnasium seiner Vaterstadt ein. Im Vorwort der „Einleitung" sagt er später, er sei sowohl im Privatunterricht als auch auf der öffentlichen Schule „in der Philosophie unterwiesen worden". Damit ist natürlich die Wolffsche Philosophie gemeint. Wie er als Sechzehnjähriger von dem ganz anderen Geiste in Kants Grundlegung zur Metaphysik der Sitten ergriffen wurde, bekennt er 1822 in einer Rezension von Benekes Physik der Sitten: „Gewiß befinden sich noch manche Zeitgenossen in gleichem Falle mit dem Rez., der niemals den Eindruck vergessen wird, welchen vor dreißig Jahren Kants Grundlegung zur Metaphysik der Sitten auf ihn machte, nachdem er zuvor in den Jünglingsjahren einen Unterricht in allerlei Formen des vor Kant üblichen veredelten und insbesondere durch religiöse Vorstellungen verbesserten Eudämonismus empfangen hatte." K 12, 172; H 12, 462.

1794—97 besuchte er die Universität Jena. Hier kam er in enge Berührung mit Schiller, den er auf einer Reise nach Leipzig begleitete, und mit Fichte, dessen Wissenschaftslehre damals vor den Augen seiner Studenten entstand. Für letzteren, den „freidenkenden Professor", war er alsbald begeistert, aber sein unbedingter Anhänger blieb er nicht lange. Am 30. Oktober 1796 schrieb er an seinen Freund Smidt: „Meine Philosophie oder vielmehr mein Philosophieren geht mehr und mehr seinen eigenen Gang; besonders sind mir gegen Fichtes Lehre von der Freiheit sehr große Zweifel aufgestiegen."

1797—1799 lebte Herbart als Erzieher im Hause des Landvogts v. Steiger in Bern. Diese Jahre wurden entscheidend für die pädagogische Richtung seines Philosophierens, und die erhaltenen „Berichte" an den Vater der Zöglinge zeigen mehrfach, wie dort die Grundgedanken seiner späteren Pädagogik aus der Praxis herauswuchsen. Zugleich aber hat Herbart in dieser Zeit, wie sein Freund Böhlendorf schrieb, „sein System gefunden" (K 1, S. IX). Man vgl. den damals entstandenen Aufsatz: Über philosophisches Wissen und philosophisches Studium (K 1; H 13).

Im Anfange des Jahres 1800 verließ Herbart Bern, reiste über Jena und Halle (wo ihn Niemeyer für das Pädagogium zu gewinnen suchte) nach Oldenburg und nahm dann Aufenthalt bei seinem Studienfreunde Johann Smidt, nunmehr Senator in Bremen, um sich weiter für ein akademisches Lehramt vorzubereiten. Hier erschienen 1802 die ersten für die Öffentlichkeit bestimmten Schriften, die beide schon im Titel an Pestalozzi anknüpfen: Über Pestalozzis neueste Schrift: Wie Gertrud ihre Kinder lehrt, und: Pestalozzis Idee eines A B C der Anschauung, untersucht und wissenschaftlich ausgeführt; letztere 1804 wieder mit dem wichtigen Anhange: Über die ästhetische Darstellung der Welt als Hauptgeschäft der Erziehung.

1802—09 lebte er erst als Dozent, von 1805 an, nachdem er einen Ruf nach Heidelberg abgelehnt hatte, als außerordentlicher Professor in Göttingen. Mit seiner Habilitation hat jedes Schwanken in den Grundansichten aufgehört, und da er selbst aus der Zeit des Suchens nichts veröffentlicht hat, so gibt es in seiner Philosophie nicht mehrere Perioden. In Einzelheiten, besonders in Dingen, auf die Erfahrungen und Versuche Einfluß haben, ist natürlich die Ansicht fortgewachsen. Hartenstein hebt mit schönen Worten hervor die Wärme und Innigkeit der Darstellung der Schriften bis zu dieser Zeit, wo er keine andere Absicht hatte als sich selbst rein auszusprechen. Alle diese Schriften (Allg. Pädagogik 1806, über philosophisches Studium 1807, Hauptpunkte der Metaphysik und Logik 1808, Allg. prakt. Philos. 1808) werden unten öfter zitiert.

1809—1833 war Herbart Professor in Königsberg. Hier erschienen nach und nach besonders die Hauptwerke zur Philosophie und Metaphysik, ferner die „Einleitung" (1813) und die „Encyklopädie" (1831). Schon in den Vorverhandlungen zu dieser Berufung mit W. v. Humboldt war die Rede gewesen von dem pädagogischen Seminare, das Herbart dort errichtete und mit dem er auch ein kleines Pensionat in seinem Hause verband. Nachrichten und Aktenstücke hierüber und über die Tätigkeit Herbarts in der „wissenschaftlichen Deputation und Prüfungskommission" enthalten der 14. und 15. Band von Kehrbachs Ausgabe.

1833 kehrte Herbart, einem Rufe folgend, nach Göttingen zurück. Lotze, Lott, Stoy, Thilo u. a. waren hier seine Hörer. Es erschien der „Umriß pädagogischer Verlesungen" 1835 und 1841, aber die praktisch-pädagogische Tätigkeit konnte nicht wieder aufgenommen werden; „diese Ruinen liegen in Königsberg" schrieb er 1835 in einem Briefe (bei Willmann, Päd. Schr. II, 287). Er starb am 14. August 1841, nachdem er bis zum 11. August seine Vorlesungen gehalten. 1876 wurde ihm in Oldenburg ein Denkmal errichtet.

Dieses schlichte, an äußeren Ereignissen arme Leben muß man sich nun ausgefüllt denken mit großartigen i n n e r e n Anstrengungen, Wagnissen und Duldungen. Der eigentliche Beruf wurde frühzeitig erkannt; aber schon aus der Jenaer Zeit werden Erlebnisse mitgeteilt, welche zeigen, wie tief auch die Schwere der zu übernehmenden Aufgabe bereits empfunden wurde (K 1, 34; H 12, 782). 1807 ermahnt er gleichsam sich selbst, Mut zu fassen gegen die Schicksale, denen das Leben in der inneren Welt ebenso ausgesetzt sei wie das äußere (K 2, 236; H 1, 383); und später sagt er im Vorwort der Psychologie als Wissenschaft, daß er nur mit äußerster Anstrengung seine Richtung habe behaupten können. An das eben genannte Werk knüpft sich aber auch eine Wendung. Der „einzige Drobisch", damals noch nur als Mathematiker an der Universität Leipzig tätig, brachte 1828 in der Leipziger Literaturzeitung eine eingehende Analyse desselben, aus der Herbart erkannte, daß er verstanden wurde (Enc., Vorw.), und dasselbe wiederholte sich 1830 mit der Allgemeinen Metaphysik. In dem erwähnten Briefe sagt Herbart 1835, daß Drobisch und Hartenstein seiner Philosophie in Leipzig eine Stätte bereitet hätten. Außer diesen beiden traten auch Griepenkerl, v. Keyserlingk, Hendewerk, Strümpell, Brzoska mit den ersten Veröffentlichungen hervor, und bald wirkte eine Schule nach mehreren Richtungen weiter. Ein halbes Jahrhundert nach Herbarts Tode konnte E. v. Sallwürk in seiner Biographie Herbarts sagen: „So ist Herbarts Lehre, langsam und stetig weiterwirkend wie der Meister selbst, zu einem nicht mehr anzuzweifelnden Bestandteil unserer höchsten Kultur geworden." Ebenso sagt G. Compayré in dem Herbart betreffenden Bande der „Großen Erzieher" (Paris, Delaplane): „Was wird in Zukunft aus dieser fast universellen Bewegung werden, die den Namen Herbarts an alle Enden der Welt getragen hat? Wir glauben fest, daß sie dauern und sich noch ausbreiten wird."

§ 3. Vorblick auf Herbarts System.

Mit der ganzen Art des Systems hängt es zusammen, daß ein sachlich ausreichender Name dafür noch fehlt. Herbart selbst hat, wie Drobisch sagt, „nur auf die Begründung der Philosophie ohne Beinamen bedacht, es anfangs gänzlich unterlassen, ein solches Stichwort für die Eigentümlichkeit seines Systems zu wählen, . . später allzubescheiden die verblichene Flagge des Kantianismus aufgesteckt." (K 7, 13; 10, 31—36; H 3, 64; 12, 158 bis 165.) Die durch andere in Gebrauch gekommenen Namen heben einzelne wichtige Züge im Gegensatze zu Zeitströmungen hervor.

Von Herbart abgesehen, ging die deutsche Philosophie nach Kant in idealistischer Richtung weiter. Nach dem Gegensatze zu dieser metaphysischen Zeitrichtung mußte Herbarts System als Realismus bezeichnet werden. In Hinsicht auf die Methode der Forschung bezeichnete Drobisch in seinen „Beiträgen" den Geist der Herbartschen Philosophie als den Geist exakter Forschung. Darnach nannte sich dann das Organ der älteren Herbartianer „Zeitschrift für exakte Philosophie im Sinne des neueren philosophischen Realismus." Aber auch so enthält der Name noch keinen

Hinweis darauf, daß nach Herbart die Lehren der Logik, Ästhetik und Ethik zwar ebenfalls exakt festgestellt und angewendet, aber nicht dem Realen entnommen werden. Bei der Darstellung dieser Disziplinen wird es sich zeigen, in welchem Sinne Herbarts Bearbeitung Formalismus heißen kann, ohne dafür den Tadel zu verdienen, der vielfach damit ausgesprochen werden soll.

Mit dem empiristischen Grundzuge der neueren Philosophie hängt es zusammen, daß man vielfach behauptete, Herbart gebe als Rationalist der Erfahrung nicht ihr Recht. Der Vorwurf hat wieder einen mehrfachen Sinn; er wurde erhoben von solchen, die alle Metaphysik, jedes Überschreiten der Erfahrung als unmöglich und unnötig ablehnten, aber z. B. auch von Wundt, der doch selbst der Metaphysik sogar eine „zentrale Stellung" eingeräumt hat (System der Philos. 2. Aufl. 1897 S. 8). Für Herbart jedoch gehört jede der beide Richtungen notwendig zur richtigen Behandlung der philosophischen Aufgaben. „Der Rationalismus ist leer ohne den Empirismus, — und nicht bloß leer, sondern auch bodenlos, sobald er etwas anderes sein will, als Entwickelung der von jenem aufgegebenen Probleme. Der Empirismus bleibt unverständlich ohne den ihn ergänzenden Rationalismus, und nicht bloß unverständlich, sondern vielfach widersprechend und in Feindschaft mit sich selbst. Dieses muß man gefühlt haben, um sich zur Philosophie zu erheben; jenes, um sich nicht unter Hirngespinsten zu verlieren." K 2, 234; H 1, 380. Vgl. O. Flügel, Der Rationalismus in Herbarts Pädagogik, 1896. Wenn man das erweitern dürfte, so läge Herbarts Bedeutung zu einem Teile darin, daß er gegenüber den wechselnden Einseitigkeiten, womit man die gesamte Philosophie bald auf diese, bald auf jene Spitze zu stellen versucht hat, immer das Ganze der philosophischen Aufgaben im Auge zu behalten suchte. K 4, 25. 43; 222; H 1, 25; 45. 274.

§ 4. Aufgabe der Philosophie.

Herbarts „Einleitung" läßt im ersten Abschnitt (Beschreibung der Philosophie, nebst Erweckung des Zweifels usw.) die Frage nach der treffendsten Definition anfangs unentschieden und beschreibt sie als einen Zweig der Gelehrsamkeit, „der für die übrigen Wissenschaften und für die Kulturgeschichte eine vorzügliche Wichtigkeit besitzt." Sie hat keinen besonderen Gegenstand, mit dem nur sie sich beschäftigte, sondern bezieht sich auf das ganze Gebiet der äußeren und inneren Erfahrung. Durch die besondere Art, wie sie die Gegenstände behandelt, erzeugt sie im Kreise der allgemeinen Begriffe eine notwendige Anordnung und damit unter den Grundgedanken aller Wissenschaften eine notwendige Verknüpfung. Einl. § 1.

Eigentlich liegt sie also „gar nicht außer dem übrigen Wissen, sondern sie erzeugt sich mit demselben und in demselben, als dessen unabtrennlicher Bestandteil; sie hat zu demselben ein ganz und gar immanentes Verhältnis". Aber die allgemeinen Begriffe, die allen Wissenschaften Ordnung, Zusammenhang, Einheit geben, wie Sein, Tun, Leiden, Succession, Kausalität, Zusammenhang, Trennung, Totes, Lebendes, Organismus, Beseeltes, Vernünftiges, Freiheit, Genie u. s. w. enthalten so, wie wir sie unwillkürlich und notwendig erzeugen, innere Schwierigkeiten und tragen die Folgen davon in alle übrigen Wissenschaften. Durch aufgehäufte Erfahrung ist man dieselben niemals losgeworden, sondern man ist genötigt, sie herauszuheben und für sich zu betrachten; und „eben weil es an Kraft fehlt, die Begriffe, noch während man in den Sphären ihres Gebrauchs beschäftigt ist, rein auszuarbeiten," erscheint nun die Philosophie doch als eine besondere Wissenschaft. Man vgl. die schöne Schrift: Über philos. Studium, 1807. K 2, 230 ff.; H 1, 375 ff.

Die Wirkungen dieser Arbeit reichen weit über

das bloße Denken hinaus in das Gebiet des Handelns; es kommt dadurch „mehr Ernst ins Leben, mehr Entschiedenheit ins Wollen", und was man will, wird einer strengeren Auswahl unterworfen. Einl. § 3.

Demgemäß wird nun Philosophie definiert als Bearbeitung der Begriffe. Nur dieser Begriff entspricht dem Wesen der Philosophie als allgemeiner Wissenschaft und der im Laufe der Geschichte gewonnenen Erkenntnis. „Die Geschichte ist allemal mächtiger als die Willkür irgend welcher Schulen oder Zeiten." Einl. § 4, 10; Enc. § 167 [185].

§ 5. Einteilung der Philosophie.

Der vorstehenden Definition entsprechend, ergeben sich die Hauptteile der Philosophie aus den Hauptarten der Bearbeitung der Begriffe. Dabei werden zunächst drei fundamentale oder prinzipielle Teile unterschieden, die, nachdem sie gesondert dargestellt sind, in notwendige Verbindungen treten. Von Natur erzeugen sich zunächst nur Arten der Verbindung, und zwar mit den natürlichen Mängeln der allgemeinen Begriffe (§ 4); die Fundamentalphilosophie sucht zuerst diese gegebenen Schwierigkeiten durch gesonderte Betrachtung zu lösen und dann die gereinigten Resultate aufs neue zu verknüpfen.

I. Die fundamentalen Hauptteile sind: Logik, Ästhetik (i. w. S.) und Metaphysik. Hinsichtlich der Reihenfolge schlossen sich Herbarts erste Lehrversuche eng an die historische Entwickelung der Philosophie bei den Griechen an. In dem Entwurf zu Vorlesungen aus dem Jahre 1807 (K 2, 299; H 12, 99) bilden die Untersuchungen über Metaphysik den Hauptstamm, denn mit dahin gehörigen Fragen beschäftigten sich die Männer, die man an den Eingang der Geschichte stellt. Ebenso blieb „den Vorbegriffen der praktischen Philosophie als einem Erzeugnis des Sokrates und der

Logik als einer Erfindung des Aristoteles ihre historische Stelle". Einl., erstes Vorw. So pflegte auch Drobisch die Einleitung vorzutragen, und Strümpells „Einleitung in die Philosophie vom Standpunkte der Geschichte der Philosophie" (1886) drückt eine ähnliche Absicht schon im Titel aus. Herbart hat auch die Geschichte der Philosophie immer weiter benutzt als Anleitung zum wirklichen Philosophieren (man vgl. z. B. Einl. § 3 die Entwicklung der Metaphysik bei den Griechen und dazu M. Walther, Herbart und die vorsokratische Philosophie, Diss. 1907); aber die Anordnung kehrte er nach Erfahrungen und didaktischen Überlegungen gerade um, und so wurde die „Einl." 1813 angeordnet.

In Hinsicht auf das unwillkürliche Vorziehen und Verwerfen, welches den Gegenstand der Ästhetik i. w. S. bildet, zu der auch die Ethik gehört, heißt die Philosophie praktisch; in Hinsicht der Logik und Metaphysik heißt sie theoretisch. Die ausführliche Darstellung muß das erst näher bestimmen und wird dann die Logik in das praktische Gebiet ziehen; § 25.

Die Metaphysik spaltet sich in Psychologie für die innere und Naturphilosophie für die äußere Erfahrung; dazu kommt noch die philosophische Religionslehre. Einl. § 3—7.

II. Durch Verbindungen zwischen praktischer und theoretischer Philosophie entstehen sog. Kunstlehren, die verschiedene Richtungen des Handelns bestimmen (§ 42).

Das einfache Schema ergibt sich nunmehr aus dem Inhaltsverzeichnis.

I. Teil.

Die fundamentalen oder prinzipiellen Wissenschaften.

A. Die praktischen oder normativen Disziplinen.

1. Logik.

§ 6. Der normative Charakter der Logik.

Die Logik sieht Herbart ihrem Wesen nach so an, wie sie unter vielen anderen auch von Elsenhans, Psychologie und Logik (Sammlung Göschen Bd. 14) dargestellt worden ist. Es genügt also hier, an den wesentlichen Zügen kurz zu zeigen, wie Herbart einer ganz entgegengesetzten Art der Bearbeitung der Logik, die bei seinen Zeitgenossen ihren Anfang nahm, entgegentrat und wie sich seine Auffassung in den anderen Teilen seines Systems fruchtbar erwies. Die nächste Aufgabe aber ist, die sog. reine Logik als selbständige fundamentale Disziplin streng zu unterscheiden von der angewandten Logik, welche durch Verbindung mit anderen Disziplinen entsteht.

Gewöhnlich handelt man die Logik ab in den drei Kapiteln von den Begriffen, Urteilen und Schlüssen. Man kann aber das zweite als den Anfang des dritten ansehen, und dann betrachtet die Logik in zwei Kapiteln „die Begriffe in den Verhältnissen, worin sie stehen, und worin sie sich bewegen". Enc. § 149

[167]. Sie „gibt die allgemeinsten Vorschriften, Begriffe zu sondern, zu ordnen und zu verbinden". Einl § 3.

Diese allgemeinen Vorschriften oder Normen erfindet sie nicht, sie gibt ihnen auch nicht durch Berufung auf irgend etwas, das noch weiter zurückläge, erst die verbindliche Kraft, sondern sie bringt nur zum deutlichen Bewußtsein, daß wir auch ohne besondere Belehrung diesen Normen gemäß denken und uns gar nicht von denselben entbinden können, ohne das Denken selbst aufzuheben. So besitzen die Grundlehren oder Prinzipien der Logik in den Sätzen des Widerspruches, der Identität und des ausgeschlossenen Dritten eine unmittelbare Evidenz. Gewöhnlich fügt man noch einen vierten Satz hinzu, den „sog. Satz des Grundes", wie er „von Leibnizen eingeführt wurde"; Herbart jedoch stellt denselben nicht zu den unmittelbar selbstverständlichen Sätzen der Logik, sondern sagt vielmehr, daß die durch ihn angeregten Fragen ihre Stelle in der Metaphysik haben (unten § 30). Einl. § 39.

Neben der unmittelbaren Evidenz steht aber die andere Tatsache, daß im wirklichen Denken aus mancherlei Ursachen oft Irrtum unterläuft, und diesen soll eben die Logik durch ihre ausdrücklichen speziellen Vorschriften möglichst verbannen.

Die wahre Natur der Logik hat sich nach Herbart auch in der geschichtlichen Entwicklung deutlich ausgeprägt. „Die Logik ist so evident, daß sie gleich beim ersten Versuch nach den Vorbereitungen in den Schulen der Rhetoren und des Sokrates, durch Aristoteles im Wesentlichen richtig gefunden wurde." K 4, 611; H 1, 594. „Die Verbesserungen, deren sie fähig ist, (wofern man nicht ihren Begriff erweitern will,) mögen immerhin wenig wesentlich genannt werden; sie dienen mehr, um Keime von Irrtümern in anderen Wissenschaften auszurotten, als um der Logik einen höheren Wert zu geben." K 3, 67; H 12, 148. Was Herbart an solchen Verbesserungen für nötig fand, machte er zuerst 1808 bekannt in den „Hauptpunkten der Logik. Zur Vergleichung mit größeren Werken über diese Wissenschaft." K 2; H 1.

Die nun den Begriff der Logik glaubten erweitern zu müssen, faßten dieselbe auf als eine „Naturgeschichte des Verstandes." Einl. § 34 f. Dieser Gedanke greift dann sofort auf weitere Gebiete über. Logik, Ethik und Ästhetik, sagt Wundt (Einl. in die Philos. 1901, § 4,4), können unmöglich auf eine Analyse der Bedingungen, unter denen ihre Normen entstehen, und damit auf eine Erklärung dieser Normen selber verzichten. „Darum gibt es rein normative Wissenschaften überhaupt nicht, sondern jede normative Wissenschaft ist zugleich explikativ; und die eigentlich wissenschaftliche Aufgabe ist auch bei den normativen Wissenschaften eben dieses explikative Verfahren." Das gilt jedoch in der Fundamentalphilosophie als eine Vermischung mit der Psychologie, bei welcher die normativen Aufgaben verdunkelt werden. „Die Logik ist eine Moral für das Denken, nicht aber eine Naturgeschichte des Verstandes." Lb. z. Ps. § 180. „Logik und Ethik haben Vorschriften aufzustellen, nach denen sich hier das Denken, dort das Handeln richten soll, obgleich sich eins wie das andere aus psychologischen Gründen gar oft in der Wirklichkeit nicht darnach richtet und nicht darnach richten kann." Die Naturgeschichte des Verstandes muß freilich auch erforscht, die Vorgänge sollen erklärt, expliziert werden. Die Psychologie aber, der das zukommt, erklärt nicht nur das richtige, sondern auch das fehlerhafte Denken, denn eins wie das andere folgt seinen natürlichen Gesetzen. (ähnlich Elsenhans a. a. O. § 30). Jedoch zeigt sie auch, wie logische Zustimmung oder Verwerfung selbst eine geistige Macht und damit die Ursache logisch-normaler Vorgänge und eines ganzen normierten Geisteslebens werden kann. Demgemäß geht später die angewandte Logik eine notwendige Verbindung mit der Psychologie, wie sie Wundt beschreibt, ein und tritt dann in den Dienst der Bildungsarbeit, der Erziehung und anderer menschlicher Absichten (§ 42); denn es bedarf psychologischer Kenntnisse, wenn man einen gegebenen Stoff nach Vorschriften bilden will. Vgl. Ps. a. W. II § 119 und das ganze Kapitel über das höhere Erkenntnisvermögen.

§ 7. Der formale Charakter der Logik.

Beschäftigt sich die Logik nicht mit dem Aktus des Vorstellens, sondern bloß mit dem, was vorgestellt wird, so ist dieses Was für sie „ein Fertiges und Bestimmtes; nicht ein Noch-zu-Erzeugendes oder Aufzunehmendes, noch von dem Wechsel der Gemütslagen Umhergetriebenes. Es ist schon gefaßt, gemerkt, begriffen. Deshalb heißt es Begriff (notio, conceptus)." Hauptp. d. Log., Anfang; vgl. Einl. § 34. Das ist „nicht zu verwechseln mit einem Inbegriff irgendwelcher Art, damit nicht die einfachen Begriffe, die kein Mannigfaltiges in sich, und die einzelnen, die nichts unter sich enthalten, voreilig ausgeschlossen werden". Einl. § 3. In dieser logischen Bedeutung ist dann „jeder Begriff nur einmal vorhanden; welches nicht sein könnte, wenn die Anzahl der Begriffe zunähme mit der Anzahl der dieselben vorstellenden Subjekte, oder gar mit der Anzahl der verschiedenen Akte des Denkens, wodurch psychologisch betrachtet, ein Begriff erzeugt und hervorgerufen wird". Ps. a. W. II, § 120. „Es ist von der äußersten Wichtigkeit, sich durch eignes Nachdenken ganz deutlich zu machen, und sich wohl einzuprägen, daß Begriffe weder reale Gegenstände, noch wirkliche Akte des Denkens sind." Einl. § 35. Der Irrtum, Begriffe für reale Gegenstände zu halten, herrschte, sagt Herbart, in der Pythagoreischen und Platonischen Schule und ist das ganze Mittelalter hindurch wirksam gewesen; Locke hat solche Meinungen bestritten, sich aber selbst mit seiner real and nominal essence" einem sprachlichen Mißbrauch unterworfen, obwohl er ihn rügte; die entia (= die Wesen, die Seienden) in der älteren Philosophie bis zu Wolff waren nichts anderes als Begriffe im logischen Sinne. Schelling und Hegel erneuerten den Irrtum; sie behaupteten die Identität von Sein und Denken und sahen die Denkgesetze an als Abbild des Weltgeschehens. Nach solchen Auffassungen ist also die Logik eine r e a l e Wissenschaft.

Dem gegenüber hält Herbart den f o r m a l e n Charakter derselben fest. Sie gibt die allgemeinsten Vorschriften, Gedachtes oder Begriffe zu sondern, zu ordnen und zu verbinden; Ordnung, Gliederung eines Mehrfachen aber h e i ß t V e r h ä l t n i s o d e r F o r m, und nur darauf bezieht sich die Bearbeitung, welche die Logik mit den Begriffen vornimmt. Die Begriffe selbst setzt sie als bekannt voraus und bekümmert sich nicht um den eigentümlichen Inhalt derselben. Einl. § 3; ähnlich Elsenhans § 30. Folglich sind l o g i s c h e U r t e i l e n o c h k e i n e E r k e n n t n i s u r t e i l e. Ob es Elfen, ob es Logarithmen, negative Größen, ob es Atome gibt, ist nicht durch die Logik zu entscheiden, weil alle „der Sprachform nach vollkommen kategorische Urteile, dennoch ihrem wahren Sinne nach hypothetisch sind" und „nimmermehr ein Urteil seine hypothetische Natur eher ablegt, als bis es aus dem Kreise der Logik heraustritt, um anderwärts die ihm gebührende Bürgschaft für die Gültigkeit seines Subjekts zu empfangen". K 12, 259; H 12, 506. Das weist also abermals über die Logik hinaus in die M e t a p h y s i k. Über den Vorwurf, die formale Logik trenne das Denken vom Gegenstande und wolle Begriff, Urteil und Schluß allein aus der auf sich selbst bezogenen Tätigkeit des Denkens verstehen, vgl. man Drobisch, Logik, Vorw. z. 2. Aufl., ferner Dörpfeld, Gesammelte Schriften, 11. Bd. S. 1 ff.

§ 8. Die logische Analyse.

Nachdem hiermit gezeigt ist, wie Herbart das Wesen der Logik faßt, sind nunmehr hinsichtlich der Ausführung einige Punkte hervorzuheben, auf die Herbart besonderen Wert legt.

Der erste Erfolg der auf die Begriffe gewendeten Aufmerksamkeit besteht darin, daß sie klar, und wofern sie dazu geeignet sind, deutlich werden. Die Deutlichkeit besteht in der Unterscheidung der Merkmale eines Begriffes, die Klarheit in der Unterscheidung mehrerer Begriffe. Von hier aus wird später in der Ästhetik i. w. S. einerseits und der Metaphysik andererseits die Arbeit in ganz verschiedener Weise fortgesetzt. Für jetzt bleiben wir bei der Logik selbst stehen.

„Sie fordert Einstimmung in den Begriffen, und weist den Widerspruch zurück. Sie macht also einen Begriff zum Maßstabe für den andern und gebietet, daß man die Zusammenfassung des Mannigfaltigen in einen Gedanken sorgfältig durchmustere, um zu sehen, ob auch jede einzelne Bestimmung zu den übrigen passe? Hierdurch fordert sie auf zum analytischen Denken" und erwirbt sich damit ein großes Verdienst um alle übrigen Wissenschaften; „es kommt nur darauf an, daß man den Ratschlägen des Mentors Folge leiste. Logik zu lernen, ist gar leicht; Logik in Ausübung zu bringen, ist überaus schwer; und die heutige Generation möchte sich in dieser Hinsicht keineswegs einer besonderen Geschicklichkeit rühmen dürfen." Enc. § 150 f. [168 f.] Einl. § 74 der 4. Ausg. Auf die Vernachlässigung dieser Geschicklichkeit führt Herbart schon früher (speziell in bezug auf die damalige Freiheitslehre) die Verachtung zurück, welche der Philosophie von „allen klugen Männern im Leben" widerführe. „Das einfache Heilmittel, was andere Wissenschaften, die ehemals einer ähnlichen Schmach unterlagen, davon erlöst hat, ist Präzision des Denkens und der Beobachtung; dadurch ist aus der Astrologie eine Astronomie, aus der Alchimie eine Chemie hervorgegangen. Höchst traurig sind die Zeichen der Zeit, welche fortdauernd eine entgegengesetzte Richtung in dem Philosophieren so vieler Deutschen beurkunden. . . Wann wird die Zeit anbrechen, da nur dasjenige mit dem Namen der Philosophie sich wird schmücken dürfen, worin, nach Ablegung aller Willkür, der Geist sich gebunden findet, und hingegeben einer ruhigen, nicht zu versagenden Anerkennung?" K 3, 246; H 9, 34.

Den dritten der drei logischen Grundsätze verteidigte Herbart 1833 in einer lat. Programmschrift (K 10, 39; H 1, 533) gegen den Grundsatz der Hegelschen Logik vom einzuschiebenden Dritten, von der höheren Einheit bei widersprechenden Urteilen. Gegen dieselbe Unlogik richtete sich später der antibarbarus logicus von Allihn (Cajus) 1850, der die Beispiele für die Trugschlüsse und andere logische Fehler zumeist den Schriften der Hegelschen Schule entnahm. In der 3. und 4. Aufl. (1901) hat O. Flügel die Beispiele z. T. der neuesten Philosophie entnommen.

§ 9. Das Kombinieren.

Wo „ein weitläufiges Detail durch Begriffe soll beherrscht werden", ist es nötig, daß man zuerst „alle dabei vorkommenden Begriffsreihen aus den Erkenntnisquellen deduziert und die Notwendigkeit, sie unter einander zu verflechten, nachgewiesen habe." So entsteht „ein Gewebe von Begriffen, welches sich in mehrere Einteilungen, und zwar auf mancherlei Weise auflösen läßt. Einl. § 47—51. Herbart gibt daselbst den Anfang eines kombinatorischen Schemas (Deklination des Adjektivs) und der Variierung desselben. „Kaum gibt es in der ganzen Logik einen Gegenstand, der für die Anwendung, in der Praxis des Denkens, wichtiger wäre als dieser. . . Wegen des unter den Begriffen so häufigen fortlaufenden konträren Gegensatzes, vermöge dessen sie Reihen bilden, wird man sehr gewöhnlich finden, daß jedes Merkmal eines gegebenen Begriffs nur ein Glied einer solchen Reihe sei; ferner daß die übrigen Glieder dieser Reihe sich ebenfalls zu ähnlichen zusammengesetzten Begriffen verbinden, wie der gegebene war. Durch diese Betrachtung erreicht man die Übersicht über das System von Begriffen, wozu der gegebene gehört; desgleichen die Kenntnis seiner Stelle in demselben. So schafft ein einziges flektiertes Wort den Überblick über die ganze Flexion; eine einzige Pflanze weist auf die ganze Botanik, ein einziges Mineral auf die ganze Mineralogie. Ohne diese Umsicht lassen sich beschränkte Vorstellungsarten kaum vermeiden." Es fehlt zuletzt nicht der Hinweis, daß für die fernere Darstellung das kombinatorische Schema beschwerlich sei und durch ein leichteres Fachwerk ersetzt werden müsse. Darüber s. in bezug auf die „Allg. Pädagogik" unten § 45.

§ 10. Die Syllogistik.

Herbart legt seinen Zeitgenossen gegenüber Wert darauf, daß die von vielen verachtete und verkürzte Syllogistik von ihm mit Sorgfalt behandelt wird. Er meint damit die „Schlüsse im engern Sinne, welche auch mittelbare Schlüsse genannt werden" und die vorzugsweise Schlüsse heißen, weil sie wirkliche Fortschritte im Denken enthalten, während die unmittelbaren Schlüsse keine wahrhaft neue Gedanken-Verbindung hervorbringen. Einl. § 34. 64; vgl. Elsenhans § 40. 49. Über die Brauchbarkeit des Syllogismus nicht in Schulbeispielen, sondern in wirklichen Anliegen sagt er: „Es liegt in dieser Form eine Disziplin für das Denken, die es sich ungern gefallen läßt, weil der Lauf der Gedanken in seiner natürlichen reihenförmigen Bewegung nur durch eine Prämisse des Schlusses hindurch seinen

Weg nimmt, ohne bei der andern, die er vorübereilend streift, sich aufzuhalten. Die logische Forderung, beide Prämissen gleich aufmerksam zu betrachten, bringt das Denken dergestalt aus dem Takte, daß man zu den gemeinsten Überlegungen Jahre gebrauchen würde, wenn sie in Syllogismen sollten angestellt werden. Aber eben darum, weil die Form eine Fessel ist, muß man die Resultate des Denkens in ihnen zu befestigen suchen; und es leidet keinen Zweifel, daß dies künftig mehr und mehr geschehen wird. Die Zeit, in welcher die Logik verachtet wurde, ist schon jetzt vorbei." Enc. § 156 [174]; vgl. Elsenhans § 56.

Trotz der Sorgfalt entwickelt jedoch Herbart nur die drei Aristotelischen Schlußfiguren und übergeht die Galenische, weist aber weitere Reduktionsversuche ab.

Diese Theorie müsse „ohne weitere Verteidigung für sich selbst sprechen". Das wirkt dann weiter auf die „wichtige Untersuchung über die Kettenschlüsse, ... welche gemeinhin viel zu mangelhaft verhandelt wird, obgleich sie offenbar die unmittelbare Grundlage der Lehre vom logischen Beweise ausmacht". Die daselbst gegebene Theorie derselben habe er „nicht gelernt, sondern gefunden." Einl. § 70. 71.

§ 11. Logik und Methodenlehre.

Methode ist die allgemeine Angabe der Art und Weise, aus Prinzipien etwas abzuleiten. Einl. § 13. „Die ältesten und ersten Ansprüche, als philosophische Methodenlehre erwähnt zu werden, macht die Logik; und wir wollen ihr wohlhergebrachtes Recht nicht schmälern". Sie ist die „notwendige Vorschule" für die übrigen philosophischen Wissenschaften, ja die „gemeinsame Vorschule für alle Wissenschaften". Enc. § 148 f. [149 f.] Aber die Logik bietet, weil sie nur auf die Form der Begriffe sieht, nur allgemeine Methoden, und damit reicht man weder in der Metaphysik und Ästhetik, noch in der Mathematik oder irgend einer anderen Wissenschaft aus. „In der gesamten Philosophie gibt es vielleicht nicht zwei Fälle, worin die nötige spekulative Bewegung genau nach einerlei Anweisung könnte vollzogen werden. . . Alles Einzelne will Stück für Stück von neuem, mit einer ihm besonders angepaßten Geschmeidigkeit des Denkens untersucht sein; oder man umarmt die Wolke statt der Juno. Darum verlange niemand allgemeine Methoden! Sehr viele Methoden muß man kennen; aber keiner einzigen sich überlassen." Insbesondere müssen die gefallenden oder mißfallenden Grundbegriffe der Ästhetik (i. w. S.) nach anderen Methoden behandelt werden als die widersprechenden Grundbegriffe der Metaphysik, jede besondere Methode aber kann nur dort gezeigt und begründet werden, wo ihre Probleme vorkommen. Enc. § 154. 225 [172. 248].

Dies alles müssen die folgenden Abschnitte näher zeigen, denn die Logik kommt in jeder wissenschaftlichen Darstellung zur Anwendung und hält sogar in der Pädagogik dem Unterrichtsverfahren das letzte Ziel vor.

---

2. Ästhetik i. w. S.

§ 12. Sonderung des absoluten Vorziehens und Verwerfens von dem relativen.

Aufgabe dieses Teiles ist die Bearbeitung der Grundbegriffe des Schönen und des Guten, die Herbart ihrem Inhalte nach sorgfältig scheidet, ihrer Entstehung gemäß aber in eine Hauptklasse zusammenfaßt. Der Ausdruck Ästhetik gilt daher je nach dem Zusammenhange bald in der Herbart eigentümlichen Weise für das Ganze, bald in der gewöhnlichen Weise bloß für die Lehre vom Schönen. Die Ethik als die besondere Lehre vom Guten nennt Herbart häufiger nach älterem Gebrauche praktische Philosophie (bei Wolff philosophia practica).

Von der Logik als der allgemeinen Methode sagt Herbart im Vorwort zur 4. Ausgabe der „Einleitung": „Es kam darauf an, zu zeigen, daß für die gesamte Ästhetik, insbesondere für die praktische Philosophie, die Hilfe der Logik nicht unbedeutend, vielmehr um desto nötiger zur Orientierung ist, je weiter jemand in diesen reichen Feldern künftig umherzuwandern beabsichtigt." Ferner kann ihr die Logik, weil sie frühzeitig eine gewisse Vollendung erreichte (§ 6), in gewissem Sinne als Vorbild dienen.

Der Gegenstand der gesamten Ästhetik ist nun zuerst aus einer größeren Masse auszuscheiden. Wir können, sagt Herbart, durch Angabe dessen, was wir vorstellen, oder wie das Vorstellen in uns entsteht, nicht alles bezeichnen, was in uns vorgeht. „Insbesondere dringt es sich auf, daß ein höchst mannigfaltiges Vorziehen und Verwerfen in uns vorkommt; um dessentwillen auch schon längst neben dem Vorstellungsvermögen noch das des Begehrens und Verabscheuens ist aufgestellt worden." Lb. z. Ps. § 53 [95]. In diesem tatsächlich gegebenen Vorziehen und Verwerfen sollen nun auch die Elemente des Schönen wie weiterhin des Guten enthalten sein, und damit sie darin erkannt werden können, sind sie zunächst aus der bunten Menge herauszuheben. Herbart hat dies besonders getan im dritten Abschnitt der „Einleitung": Einleitung in die Ästhetik, besonders in ihren wichtigsten Teil, die praktische Philosophie.

Alles Vorziehen und Verwerfen zerfällt in ein relatives und ein absolutes. Das Schöne und Gute sind Gegenstand der absoluten Wertschätzung; aber beide müssen erst hervorgehoben werden „aus der gemeinen Verwechselung mit dem Nützlichen und Angenehmen," die einer nur relativen Schätzung unterliegen.

Einl. § 77 [82]. Das so gefaßte Angenehme enthält aber wieder zwei Arten, die Herbart immer deutlich unterscheidet. Wir stellen die so entstehenden drei Arten der relativen Wertschätzung mit Hartenstein (Grundbegriffe der ethischen Wissenschaften. 1844. S. 6 ff.) zuerst einfach neben einander; nachher müssen sie in verschiedener Weise zusammengefaßt werden.

1. Das Nützliche hat nach Herbart „einen außer ihm liegenden Beziehungspunkt; es setzt irgend etwas anderes voraus, wozu es nütze;" fällt dieser Beziehungspunkt weg oder ändert er sich in irgend einer Art, so verschwindet oder ändert sich auch die Bedeutung des Nützlichen; an sich selbst hat es als solches keinen Wert.

2. Das Lustbringende (mitunter zu dem Angenehmen i. w. S. gerechnet) besteht nach Herbart in der „Befriedigung der Begierden." „Hierbei springt es", sagt Hartenstein, „wo möglich noch deutlicher in die Augen als bei dem Nützlichen, daß der Gegenstand der Begehrung an sich vollkommen gleichgültig, ja sogar an sich verwerflich sein und doch eben wegen der Begehrung sehr heftig vorgezogen werden und insofern auch einen scheinbaren Wert bekommen kann. Aber auch nur einen scheinbaren, der seinen ganzen Grund nicht nur in der Beziehung des Objekts auf das Subjekt überhaupt, sondern möglicherweise ausschließend in der individuellen, gerade jetzt vorhandenen Gemütslage des Subjekts hat, welches den Gegenstand vorzieht, weil es ihn begehrt. . . . Was das Begehrte sei, und was es wert sei an sich, darnach fragt vielleicht der Zuschauer, wenn er etwas kennt, was einen Wert an sich hat; aber darnach fragt nicht die Begierde; sie will Befriedigung, nichts weiter. . . So erlischt sie im Genuß und mit ihr der Wert des Genossenen; was der bloßen Lust dient, dessen Wert vergeht, nichtig an sich selbst, mit ihr."

3. Das Angenehme (im engeren, eigentlichen

Sinne) besteht „in derjenigen unmittelbaren Empfindung, vermittelst deren wir ein Empfundenes, ohne weiteren Grund, und selbst ohne Begierde oder Abscheu, vorziehen oder verwerfen. Man kann sogar das Unangenehme, z. B. einen elektrischen Schlag, begehren (während man experimentiert), das Angenehme dagegen verabscheuen (aus Furcht vor übeln Folgen); und bei aller Lebhaftigkeit jener Begierde und dieses Abscheus dennoch des Angenehmen und Unangenehmen als solchen sich bewußt bleiben."

So hebt sich das Angenehme durch seine Unabhängigkeit von individuellen Gemütslagen über das, was nur zur Befriedigung der Begierde dient, merklich empor, und daher müssen sie von einander geschieden werden, obwohl auch der Genuß des Angenehmen durch Reproduktion Gegenstand des Begehrens werden kann. Gemeinsam aber stehen sie dem Nützlichen gegenüber. Das Angenehme in diesem weiteren Sinne wird unmittelbar begehrt, das Nützliche um eines anderen willen. Das Nützliche ist also Sache der Klugheit, des Verstandes, das Angenehme Objekt der Empfindung und des Gefühls. Das Nützliche steht wohl oft in innigem Zusammenhange mit dem Angenehmen, denn „der Mittelpunkt der Reflexion, um den die Begehrungen sich drehen, ist häufig eine Art des Genusses. . . Auf der andern Seite steht das Nützliche höher als das Angenehme und übt auf das Individuum oft die Gewalt, daß es selbst das Unangenehme nicht flieht, sondern dies mit in der Reihe der Mittel, die zum Nutzen führen, als ein Unvermeidliches duldet." Dieses Dulden und Ertragen kann, da der Begriff des Nützlichen keine Art von Zwecken ausschließt, auch den höchsten Zwecken dienen und gehört somit in die Ethik in dem nachher zu entwickelnden idealen Sinne. Diejenigen praktischen Richtungen dagegen, bei denen sich „die aneignende und abwehrende Tätigkeit um den Genuß bewegt," werden als Glückseligkeitslehre oder Eudämonismus bezeichnet. Vgl. § 26—42 in Strümpell, Vorschule der Ethik, 1844, wo diese und ähnliche Fragen fast monographisch behandelt werden.

Das Angenehme i. e. S. ist als Gegenstand eines unmittelbaren, nicht der Willkür unterworfenen Vorziehens, wie Herbart sagt, dem Schönen und Guten sehr nahe verwandt. Um letzere davon streng zu scheiden, muß man die Frage stellen, ob das in der Empfindung des Angenehmen enthaltene Vorziehen wirklich, wie wir noch eben sagten, einem Gegenstande gelte. In diesem Falle müßte sich der angenehme Gegenstand von der Empfindung ablösen und als logisches Subjekt mit dem Prädikate des Angenehmen zu einem Urteil verbinden lassen. Aber das gelingt nicht; der Gegenstand bleibt als angenehmer mit der Empfindung verschmolzen und entzieht sich der Beurteilung in getrennten Begriffen. Das Angenehme eines guten Weines, das Unangenehme des Gliederschmerzes bleibt immer Empfindung; nicht der Wein oder die Glieder sind angenehm oder unangenehm, sondern die Empfindung des Geschmackes oder des Schmerzes. Darum tut sich das Angenehme und Unangenehme in bloßen Gefühlen kund, die wir als solche uns selbst zuschreiben, denen sich aber nichts Gegenständliches abgewinnen läßt. „Wer dagegen", sagt Herbart, „das Schöne schärfer betrachtet, der findet allemal einen Gegenstand, welcher ihm zu denken gibt." Bei richtig fortschreitender Bildung wird darum das Angenehme immer mehr „als etwas Geringfügiges und Vorübergehendes zurückgestellt", dagegen „hebt sich das Schöne als etwas Bleibendes von unleugbarem Werte immer mehr hervor. Aber aus dem übrigen Schönen scheidet sich das Sittliche heraus, als dasjenige, was nicht bloß als eine Sache von Wert besessen wird, sondern den unbedingten Wert der Personen selbst bestimmt. . . . So erlangen die verschiedenen Gegenstände des unmittelbaren und willkürlichen Vorziehens und Verwerfens ein ganz verschiedenes Gewicht in der Schätzung der Menschen." Einl. § 77 f. [82 f.]

Diese verschiedene Schätzung hebt die Wissenschaft auch hervor durch verschiedene Namen für die Prädikate.

Das Angenehme heißt sehr charakteristisch — angenehm; nur dieser Sprachgebrauch trifft ganz richtig die Tatsache, daß das Subjekt oder der Gegenstand sich nicht dem Prädikate gesondert gegenüber stellen läßt.

In den bestimmt zerlegbaren Urteilen über das Schöne und Häßliche werden die Prädikate als Beifall und Mißfallen aus dem übrigen Vorziehen und Verwerfen herausgehoben. „Kant sagt sehr treffend: Das Schöne gefällt." So Strümpell in seinem „Grundriß der Psychologie" 1884, § 177, der hier wie überall der Terminologie eine besondere Aufmerksamkeit widmet. Widerstand aber fand Herbart mit seiner genauen Unterscheidung schon bei dem schwankenden gemeinen Sprachgebrauch, der nicht nur das Nützliche und das Lustbringende oft angenehm nennt, sondern auch von jedem derselben gelegentlich sagt, es gefalle. Es sei aber schon verwirrend, wenn man sage, der Geruch einer Hyazinthe gefalle. „Denn bei dem Ausdrucke: es gefällt, wird Etwas, das da gefalle, als etwas bestimmt vor Augen zu stellendes vorausgesetzt; niemand aber kann den Geruch einer Blume, der eine Empfindung in ihm ist, andern mitteilen, noch darauf, als auf ein Objekt der Betrachtung hinweisen." — Noch ärger aber, meint Herbart, treiben es diejenigen Philosophen, „die sogar den assensus logicus auf deutsch mit Beifall, anstatt mit Zustimmung übersetzen. Denn außer den Schulen sagt niemand, ein viereckiger Zirkel mißfällt mir, — oder gar: es gefällt mir, daß der Zirkel rund ist." Einl. § 77. 84 [82. 94]. Damit soll das Schöne auch vom Logischen oder Wahren unterschieden werden, mit dem es durch das Merkmal der unmittelbaren, willenlosen Beurteilung verbunden ist.

Das Schöne und das Häßliche im sittlichen Sinne werden selbst genauer das Löbliche und Schändliche genannt, die Prädikate dafür heißen Lob und Tadel oder auch Billigung und Mißbilligung.

a) Ästhetik i. e. S. oder Lehre vom Schönen.

§ 13. Die Selbständigkeit der Ästhetik.

Der Ästhetik gesteht man die bis auf das Fundament reichende Selbständigkeit meistens nicht zu, sondern man ordnet sie der theoretischen Philosophie unter. Den allgemeinsten Anlaß dazu sieht Herbart darin, „daß die Ästhetik als Wissenschaft noch in der Kindheit ist, indem man sie aus allerlei Reflexionen über Natur und Kunst zusammenwebt, ohne an ihre einfachen Prinzipien zu denken.“ K 3, 321; H 12, 204*). Diese einfachen Prinzipien müßten, wenn etwas, das weiter zurückläge, ausgeschlossen sein soll, eine unmittelbare Gewißheit besitzen ähnlich den Grundsätzen der Logik. Der folgende § beginnt den Nachweis derselben. Nur ist es hier nicht möglich, auf Aristoteles (§ 6) oder einen anderen Mann der Vergangenheit als Schöpfer der Ästhetik hinzuweisen, man bedarf vielmehr der Hoffnung auf die Zukunft; denn die einfachen Prinzipien treten hier nicht so leicht gesondert hervor wie bei der Logik, sondern müssen erst durch spekulative, experimentelle und statistische Bemühungen aufgezeigt werden.

Dadurch ist schon früh die Meinung entstanden, der Geschmack sei subjektiv und schwankend und tauge nicht zur Begründung einer Wissenschaft. Daß er im gemeinen Leben, in der Kunstkritik, in der künstlerischen Produktion wirklich mannigfaltig, widerspruchsvoll, dem Zeitgeist und der Mode unterworfen ist,

---

*) Es sei hingewiesen auf die Dissertation von A. Ziechner: „Herbarts Ästhetik“ 1908 (190 S.), welche besonders von dem Stande der Ästhetik „an der Wende des 18. zum 19. Jahrhundert“ ein klares Bild gibt.

unterliegt auch für Herbart keinem Zweifel. Daneben aber spricht er von einem festen, übereinstimmenden Geschmack, und dieser soll die Grundlage der Wissenschaft sein. Dazu müssen aber noch einige nähere Bestimmungen kommen.

„Das Schöne und Häßliche besitzt eine ursprüngliche Evidenz, vermöge deren es klar ist, ohne gelernt und bewiesen zu sein. Allein diese Evidenz durchdringt nicht immer die Nebenvorstellungen, welche teils begleitend, teils von jenen selbst verursacht, sich einmischen. Daher bleibt es oftmals unbemerkt; oft wird es gefühlt, aber nicht unterschieden; oft durch Verwechselungen und falsche Erklärungen entstellt. Es bedarf also, herausgehoben und in ursprünglicher Reinheit und Bestimmtheit gezeigt zu werden. Dieses vollständig zu leisten, und die teils unmittelbar gefallenden, teils durch die Aufgabe, das Mißfallende zu meiden, herbeigeführten Musterbegriffe (Ideen) geordnet zusammenzustellen, ist die Sache der allgemeinen Ästhetik. Einl. § 72 [81].

Nur diese allgemeine, d. h. grundlegende Ästhetik ist den Prinzipien nach unabhängig von der theoretischen Philosophie, dagegen die angewandte Ästhetik (s. den II. Teil) entsteht geradezu durch Verbindung mit derselben. Obwohl aber psychologische u. a. theoretische Erklärungen zu der Evidenz der Prinzipien nichts beitragen, so können sie doch „helfen", dem Menschen sein ästhetisches Urteilen zu deutlichem Bewußtsein zu bringen, und es wird daher, glaubt Herbart, „eine bessere Ästhetik nicht eher als im Gefolge einer besseren Psychologie erscheinen". K 4, 132, H 1, 347. Die bisherige Erfahrung hat das bestätigt.

§ 14. Elementarurteile über konkrete Verhältnisse.

Wenn von ästhetischer Beurteilung die Rede ist, denkt fast jeder zunächst an Erzeugnisse der verschiedenen

Künste. Ferner wird auch der Eindruck, welchen der gestirnte Himmel und viele andere Gegenstände der Natur machen, ästhetisch genannt. Einl. § 16. Weiter hebt Herbart von der Religion stark hervor, daß sie außer dem moralischen auch einen ästhetischen Eindruck hervorbringe. Enc. § 47.

Jedoch fehlt bei diesen Gegenständen gar sehr die Übereinstimmung und die unmittelbare Gewißheit des Urteils. Das Urteil über ein ganzes Kunstwerk heißt daher bei Herbart ein Kunsturteil; dasselbe wird aufgefaßt als das Gesamtergebnis vieler einfacher ästhetischer Urteile, der Grund- oder Elementarurteile. „Daß der Geschmack unsicher ist, weiß man hoffentlich nur aus der Erfahrung. Und bestimmt aus solchen Erfahrungen, wozu die abweichenden Urteile über sehr zusammengesetzte Gegenstände, als über ganze Werke der Kunst oder der Natur, Veranlassung gegeben hatten. . , Es ist hingegen Hoffnung vorhanden, die Gründe der Unsicherheit zu entdecken, sobald die Elementar-Urteile bestimmt werden ausgesprochen sein; welche der ästhetische Total-Effekt zusammengesetzter Werke zwar aufreizt, aber nicht gesondert hervortreten läßt, vielmehr, wofern das Werk nicht klassisch ist, sogar unter einander in Widerstreit setzt." A. pr. Ph., Einl. Die Abhandlung „über die ästhetische Darstellung der Welt" (Abs. 14—27) spricht darum von ästhetischer Notwendigkeit und bezeichnet damit jenes eigentümliche Sollen, das doch kein Müssen ist, welches der Mensch in sich „findet". Hostinsky (S. 104 seines Werkes) zeigt an Kants Analytik des Schönen in der Kritik der Urteilskraft, daß Herbart sich damit dem Sprachgebrauch seiner Zeit anschloß. Diese ästhetische Notwendigkeit spricht „in lauter absoluten Urteilen, ganz ohne Beweis, ohne übrigens Gewalt in ihre Forderungen zu legen," ohne die Neigung zu begünstigen oder zu bekämpfen. Die Urteile sind nur nicht relativ wie die Urteile über das

Nützliche oder über das Lustbringende (§ 12), also nicht bestimmt durch Beziehung auf ein Fremdes oder auf eine zufällige Gemütslage des Urteilenden, sondern schlechthin nur durch die Vorstellung ihres Gegenstandes, und sie entstehen unabwendbar, wenn die Gegenstände vollendet vorgestellt werden. Vgl. Enc. § 216 [239].

Trotz der Sicherheit aber, mit der das ästhetische Urteil eintritt, wenn seine Bedingungen erfüllt sind, verursacht es doch Mühe, diese „Gegenstände" oder die Subjekte desselben zu erkennen. „Sehr selten oder nie zeigt sich das ganz Einfache für den Geschmack. Es muß in der Regel erst gefunden werden." K 4, 586; H 1, 558. Zum Zwecke des Aufsuchens muß man wieder wie in der Logik Materie und Form unterscheiden. Jede Zusammenfassung, welche als solche eine neue Bedeutung erlangt, ergibt eine Form; der Gegensatz ist die bloße Summe dessen, was zusammengefaßt wird, welche Summe insofern Materie heißt. Anal. Beleuchtung § 48. Dieselbe Unterscheidung ist in der Ethik wieder aus Kants Grundlegung zur Metaphysik der Sitten herbeizuziehen. Herbart selbst sagt für Form lieber Verhältnis (s. oben § 6—7), und behauptet nun weiter, daß ästhetische Urteile nur über Verhältnisse ergehen, während die bloße Vorstellung der Materie höchstens rein theoretische Urteile hervortreibt. Enc. § 225 [248]; K 2, 344; H 8, 18.

Was aber muß unter ästhetischen Verhältnissen verstanden werden? Den Mißdeutungen gegenüber stellt Hostinsky (S. 92) zunächst fest, daß hier überhaupt nicht an den Gegensatz zwischen Form und Inhalt bei ganzen Kunstwerken zu denken ist; sondern in dieser prinzipiellen Untersuchung ist Stoff oder Materie des Verhältnisses einerseits das einzelne Glied desselben für sich genommen, anderseits die bloße Summe solcher einzelner Glieder ohne Rücksicht auf ihre gegenseitigen Beziehungen. Dabei ergibt sich zugleich, daß Herbart in der Ästhetik einen konkreten Formalismus lehrt, nicht wie viele seiner Gegner meinen und wie einige seiner Anhänger wirklich getan haben (§ 15), einen abstrakten. Herbart kennt das Schöne nicht als Eins; für ihn gibt es zunächst nur verschiedenes Schönes in den einzelnen Künsten, in der Natur usw. Einl. § 75; H 1, 344. In diesem vielartigen Schönen zeigt sich eine Zweiteilung, die aber nicht zugleich die Künste streng in zwei Arten teilt. „Die ästhetischen Elementarverhältnisse zerfallen in zwei Hauptklassen; ihre Glieder sind entweder simultan oder sukzessiv. Man erkennt dies am leichtesten in dem Unterschiede der Harmonie und Melodie, überhaupt zeigt die Musik sehr klar, daß die kunstreichsten Verwebungen entstehen können, wenn mehrere Reihen des sukzessiven Schönen (mehrere melodische Stimmen) sich zugleich dergestalt entwickeln, daß fortwährend simultan die Forderungen der Harmonie erfüllt werden." Vorherrschend ist das simultane Schöne in der Malerei und Plastik, das sukzessive in der Poesie, die aber auch an jenem ihren Anteil hat. Das Räumliche nimmt Bewegung an in den mimischen Künsten. Usw. Einl., K 4, 127, 599; H 1, 149, 576.

Nach diesen Unterscheidungen lassen sich nunmehr wenigstens in einem Gebiete des Schönen die konkreten ästhetischen Elementarverhältnisse sicher angeben; man vgl. Herbarts Psychologische Bemerkungen zur Tonlehre, 1811, K 3; H 7; Psychologische Untersuchungen, 1. Heft, 1839; K 11; H 7. „Die Musik kann ihre harmonischen Verhältnisse sämtlich bestimmt aufzählen und deren richtigen Gebrauch ebenso bestimmt nachweisen." Man muß sich also die musikalischen Intervalle vergegenwärtigen: die kleine und große Sekunde, die kleine und große Terz, die Quarte, Quinte, Sexte, Septime, Oktave, None, die Verbindungen zu Akkorden, den Charakter des Wohl- oder Mißklanges (der Konsonanz oder Dissonanz), des Forttreibens oder Ruhens, der Spannung oder Lösung, welcher den verschiedenen Zusammenklängen eigen ist. Der ästhetische Charakter eines harmonischen Verhältnisses ist für den Anfang gebunden an den *sinnlichen Eindruck*, wie es der ursprünglichsten Bedeutung des Wortes ästhetisch entspricht (αἴσθησις = das sinnlich Wahrgenommene, weiterhin das Empfundene); während bei dem musikalisch Gebildeten allerdings auch schon die bloße Vorstellung das Gefühl der Konsonanz oder Dissonanz zu erzeugen vermag. Ferner ist die Wirkung gebunden an das *gleichzeitige* Erklingen oder Vorstellen *mehrerer* Töne. „Es ist bekannt, daß keinem der *einzelnen* Töne, deren Verhältnis das Intervall bildet, für sich allein nur das mindeste von dem Charakter zukommt, welcher gewonnen wird, indem sie *zusammen* klingen.“ Einl. der A. pr. Ph. Der ganze Eindruck aber besitzt die unmittelbare Evidenz, die dem Schönen überhaupt zugeschrieben wurde. „Würde der Lehrer des Generalbasses nach Beweisen gefragt, so könnte er nur lachen; oder das stumpfe Ohr bedauern, das nicht schon *vernommen* hätte.“ Ästh. Darst. d. W. 17. Fälle, wo diese Evidenz zu fehlen scheint, werden weiterhin ihre psychologische Erklärung finden.

In ähnlicher Weise sucht Herbart bei der *Malerei* auf Elementarverhältnisse zurückzugehen. Er sagt im II. Teile der Ps. a. W., K 6, 82; H 6, 109: „Man prüfe das Urteil: *Dieses Bild ist schön*. Zuvörderst, nicht die Leinwand, oder die Pigmente, oder die dadurch reflektierten Lichtstrahlen sind schön, sondern unsere eigne Vorstellung, in welcher die Auffassungen aller Teile des Bildes sich vereinigen. Diese nähere Bestimmung ist ganz ähnlich jener, da wir das Unangenehme nicht dem Winde noch dem Funken, sondern unserem Gefühle zuschrieben [vgl. oben § 12]. Allein nun tritt die Verschiedenheit hervor. Unsere Vorstellung des Bildes läßt sich zerlegen in die ganze Summe ihrer Teil-Vorstellungen; aber von allen einzelnen gefärbten Punkten, die wir sahen, ist kein einziger schön; also auch nicht ihre Summe, so lange sie bloß als Summe gesehen wird. Nun kann man aber wirklich das Bild sehen als eine bloße Summe sichtbarer Stellen; und ohne Zweifel wird es also gesehen von Tieren, von Kindern, vom rohen Volke, das, wie man zu sagen pflegt, keinen Sinn hat für das Schöne. Und auch der Kenner muß einen Übergang machen von dem Sehen des Aggregats von Farben zu dem Sehen des Schönen in dem Bilde; er muß sich die Verhältnisse erst herausheben, er muß der Vorstellung dieser Verhältnisse eine kleine Weile zu ihrer Ausbildung gönnen, ehe der Unterschied zwischen seinem Sehen und dem des Volkes fertig wird." Weiterhin führt Herbart aus, daß man die Partialvorstellungen, die zusammen das Schöne ausmachen, abändern, mit ihnen experimentieren und die ästhetischen Folgen beobachten könne. Solche methodische Hinweise kehren z. B. wieder in den psychologischen Untersuchungen von 1839: Es „wird ganz unleugbar eine Harmonie der Farben oft genug empfunden; und höchst wahrscheinlich würde man zu bestimmteren Resultaten, als bisher bekannt sind, durch geordnete Versuche gelangen, wenn dieselben von richtigen theoretischen Gesichtspunkten ausgehend geleitet wären. Fände man unter Farben einen ähnlichen Übergang von Verhältnissen wie jener aus der falschen Quinte in die reine, von da in die Sexten usw., so hätte man hiermit Bestimmungen der Hemmungsgrade; und von da aus könnte man hoffen weiter zu kommen; nämlich durch kontinuierliches Abändern der Verhältnisse; wozu allerdings die Geduld und die Genauigkeit experimentierender Physiker, verbunden mit dem scharfen Blicke eines geübten Malers gehören würde. Vielleicht finge man sicherer mit Zusammenstellung dreier Farben an, als mit zweien, um nämlich die erste Spur der Untersuchung zu gewinnen. Denn darin scheinen (wie man bei bunten Blumenbeeten und ähnlichen Gegenständen leicht bemerkt) die Farben den Tönen ähnlich zu sein, daß die einzelnen Vorstellungen doppelt gebrochen werden müssen, um ein lebhaftes Gefühl des Schönen hervorzurufen. Alsdann später hätte man rückwärts die Paare zu untersuchen, welche in der harmonischen Ternion von Farben lägen; nämlich um die richtigen Intervalle zu bestimmen." K 11, 121; H 7, 286.

Somit haben die tadelnden Stimmen, welche Hostinsky (S. 85) über Herbarts Ästhetik reden läßt, tatsächlich Recht: „Die Lösung der Aufgabe, die der Ästhetik zugewiesen war, konnte eigentlich nur die Beobachtung und Erfahrung, kurz die Empirie übernehmen" (Neudecker); oder: die Aufsuchung der ästhetischen Elementarverhältnisse im Sinne Herbarts „kann ihrer Natur nach nur auf dem experimentalen Wege gelöst werden, den wir später bei Gelegenheit von Fechner werden eingeschlagen sehen" (Lotze). Unberechtigt ist aber der Tadel, der in dieser Feststellung liegen sollte. Hostinsky kann also ruhig weiter feststellen, daß Fechner nur z. T. wirkliche Experimente anstellt und meist bloß eine Statistik ästhetischer Urteile zu schaffen sucht; „allein auch dies ist ein nicht zu verachtendes Mittel der empirischen Forschung im Gebiete der Ästhetik." Es käme nun darauf an, ob die Gegenwart, die zu solcher Arbeit so viel Neigung hat, die oben genannten Bedingungen einmal irgendwo vereinige.

Damit ist die Reihe der ästhetischen „Gegenstände" im Sinne Herbarts nicht zu Ende geführt, er weiß auch noch vieles zu sagen über Rhythmus und Symmetrie, über Handlungen, Situationen und Charaktere in der Dichtung und über andere Arten und Seiten des Schönen; aber — die überzeugende beziehentlich exakte Angabe ästhetischer Grundverhältnisse ist einstweilen noch unvollständig. „Die mangelhafte Kenntnis der ästhetischen Elemente rührt ohne Zweifel weit weniger von den Schwierigkeiten sie zu erlangen, als von Vernachlässigung her. Auf die Winke, welche die Musik geben konnte, ist nicht geachtet worden; . . selbst die Symmetrie schien etwas Untergeordnetes. Denn man hat nicht

Lust, sich bei der Kenntnis des Einfachen, des bloß Richtigen, aufzuhalten, man strebt nach dem Effekt; und wirft sich eben damit in das Meer der Eindrücke, welche die Künste hervorbringen. Die einflußreichste der Künste, die Poesie, wird am meisten gemißhandelt. . . Sollen aber irgend einmal die ästhetischen Elemente vollständig entdeckt, und damit eine allgemeine Ästhetik möglich gemacht werden: so muß man durchgängig das Schöne von dem Stoff, an welchem, und den Bedingungen, unter welchen es erscheint, genau unterscheiden, und dann noch das Sukzessive, als das Schwierigere, von dem Simultanen, als dem Kläreren, abtrennen. Die analytischen Betrachtungen über das bekannte Schöne müssen dabei bis auf die allerletzten Verhältnisse, an denen noch etwas Gefallendes oder Mißfallendes wahrzunehmen ist, zurückgeführt werden." Einl., K 4, 132; H 1, 346. Aber unsere Ästhetiken enthalten eher alles in der Welt, ja den Ursprung der Welt selbst, als die einfachen Grundregeln der einzigen unter den Künsten, die wirklich ihre Grundregeln kennt. So wird es bleiben, bis einmal die einfachen Elemente des räumlichen und des poetischen Schönen entdeckt werden; wahrscheinlich noch eine lange Zeit." K 3, 117; H 7, 25.

Daß man die Ästhetik statt auf konkrete Elementarverhältnisse, auf den großen Weltzusammenhang zu bauen suchte, war zu Herbarts Zeit und ist auch heute keine bloße Redewendung, sondern es wird jede Bearbeitung dahin gedrängt, welche die grundlegende Ästhetik nicht von der späteren Anwendung und weiter zurück von der theoretischen Philosophie reinlich trennt. In einem Aufsatz der Witwe Eduard v. Hartmanns*) wird gesagt, unsere Zeit dränge zu einer Philosophie des Schönen, welche „die psychologische Erklärung des Wohlgefallens am Schönen zum Ausgangspunkt, die Aufzeigung der tiefen Bedeutung des Schönen für den Welt-

*) Architektur und Ästhetik. Eine Erwiderung. Preußische Jahrbücher Nov. 1907.

prozeß zum Endpunkt ihrer Untersuchungen hat"; alles Kunstschöne sei auf das wurzelhafte Wesen der Welt zurückzuführen. Auf solchen Anschauungen ruht E. v. Hartmanns Werk: „Die Deutsche Ästhetik seit Kant", 1886, gegen welches Hostinsky seine Abwehr oft zu richten hat. Jeder derartige Versuch, meint aber Herbart, müsse die Ästhetik zerrütten; „denn nun glaubt man theoretische Gründe zu besitzen, aus welchen, was gefallen und mißfallen müsse, sich beweisen lasse; dadurch aber wird das natürliche und ursprüngliche Urteil noch gewisser verfälscht als durch gemeine Vorurteile und Gewöhnungen." K 4, 108; H 1, 345.

§ 15. Versuche einer Ästhetik auf Grund abstrakter Verhältnisse.

In der Ethik hat Herbart die vollständige Zahl der Grundverhältnisse nicht bloß postuliert, sondern nach seiner Meinung wirklich nachgewiesen in den fünf praktischen Ideen (§ 25). Er konnte also seine Ästhetik an der weiter entwickelten Ethik verdeutlichen. Über diesen didaktischen Zweck hinaus hat aber dieser Vorsprung der Ethik zu einem Fehlgriff geführt, der das Urteil E. v. Hartmanns u. a. irre geleitet hat.

Schon 1826 versuchte Griepenkerls „Lehrbuch der Ästhetik," durch Generalisierung der fünf ethischen Ideen Herbarts die ästhetischen Grundverhältnisse vollständig zu finden. Veranlaßt wurde er vielleicht durch eine Stelle aus Abs. 17 der „Ästh. Darst. der Welt", obwohl sie die Warnung deutlich genug mit enthält. „Für verschiedene Gegenstände gibt es eben so viele ursprüngliche Urteile, die sich nicht etwa aufeinander berufen, um logisch auseinander abgeleitet zu werden. Höchstens findet es sich, daß nach Absonderung alles Zufälligen, bei verschiedenen Gegenständen ähnliche Verhältnisse sich wieder fanden, und daß diese natürlich ähnliche Urteile erzeugten. Soweit man die einfachen ästhetischen Verhältnisse kennt, hat man denn auch einfache Urteile über dieselben. Diese stehen an der Spitze der Künste, mit völlig selbstständiger Autorität." Den hervorgehobenen Worten zu weit nachgehend, hatte Griepenkerl für a l l e Gebiete des Schönen den ethischen Ideen entsprechende g l e i c h e Grundformen aufgestellt. Herbart hat sich 1831 in der „E n c y k l o p ä d i e" § 225 [248] darüber in schonendster Form, aber sachlich ganz unzweideutig geäußert. „Hierbei entsteht nun die Frage: ob die anderen Teile der Ästhetik nach dem Vorbilde der praktischen Philosophie können gezeichnet werden? welche Frage muß verneint werden. Denn in ihnen .. überwiegt doch das sukzessive Schöne (nach Art der Melodie) bei weitem das simultane (die Harmonie), und die aus Raum und Zeit entspringenden Verhältnisse sind von ganz anderer Art, als diejenigen, in welchen der Wille sich dem sittlichen Urteil darstellt." Ferner schließt das Kapitel „Von der schönen Kunst" in der Ausgabe von 1841 mit folgender Fußnote: „Zur Vervollständigung dieses Kapitels, und zu mancher Vergleichung, kann Griepenkerls Ästhetik benutzt werden. Die Empfehlung des Buchs ist desto unbefangener, da gerade d i e Seite desselben, wodurch Herr Professor Gr. sich dem Verfasser hat anschließen wollen, wenig Übereinstimmung zeigen wird." Griepenkerl hat daraufhin auch in seinen „Briefen" (oben § 1) seine eigene Ästhetik dem jüngeren Freund erst für eine späte Zeit zur Vergleichung empfohlen. In der 2. Aufl. der Encyklopädie (1841) fügte Herbart an der letzteren Stelle hinzu: „Übrigens geht Herr Professor Griepenkerl damit um, seine neueren Ansichten bekannt zu machen." Das ist jedoch unterblieben, und er hat auch, wie durch seinen Schüler Moritz Lazarus bekannt geworden ist, verfügt, daß sein handschriftlicher Nachlaß vernichtet werde.

Trotzdem ist derselbe Versuch in etwas anderer Weise wiederholt worden von R. Zimmermann in seiner „Allgemeinen Ästhetik als Formwissenschaft" 1865. Wir stellen jetzt Herbarts ethische Ideen und Zimmermanns allgemeine ästhetische Ideen neben einander.

Herbart	Zimmermann
ethische Idee	ästhetische Idee
der Vollkommenheit	des Großen
der inneren Freiheit	des Charakteristischen
des Wohlwollens	des Einklanges
des Rechts	des Korrekten
der Billigkeit	der Ausgleichung

Schon vorher hatte die Zeitschrift für exakte Philos. (2. Bd. 1862) von Zimmermann eine Arbeit „Zur Reform der Ästhetik als exakter Wissenschaft" gebracht. In den beiden folgenden Bänden äußerten sich Nahlowskys „Ästhetisch-kritische Streifzüge" bedenklich gegen das Form-Prinzip in Zimmermanns Sinne. Im 4. Bande erschien Flügels Arbeit „über den formalen Charakter der Ästhetik", die Herbarts Formalismus richtig als einen konkreten auffaßte (Hostinsky S. 97), ohne allerdings die Nachwirkungen des Fehlgriffes sogleich aufheben zu können. Diesen historischen Vorgang und sein notwendiges Ende, verbunden mit allen wünschenswerten Nachweisen, hat das Buch von Hostinsky deutlich und bequem vor Augen gelegt, während z. B. noch E. v. Hartmann unter Herbarts Namen fast nur den „Formalismus" Zimmermanns bekämpft. Unsere Darstellung hat, um die sachliche Selbständigkeit, welche die Ästhetik der Ethik und diese jener gegenüber bei Herbart besitzt, nicht aufs neue zu verdunkeln, auf den Vorteil, die Ästhetik durch die weiter entwickelte Ethik zu verdeutlichen, verzichtet, also die Ästhetik vorangestellt und unabhängig durchgeführt. Dafür kann sich die Ethik in einigen Punkten kürzer halten.

§ 16. Die Prädikate und die Objektivität der ästhetischen Elementarurteile.

Während der schwankende Geschmack der gewöhnlichen Ansicht wirklich sehr subjektiver Art ist, behauptet

Herbart: „Alles Schöne ist objektiv, schon nach seinem ersten Grundbegriff." K 4, 141; H 1, 167. Soll das Geltung haben, so dürfen die Prädikate der einfachen Grundurteile nicht abhängen von irgend etwas, das dem Auffassenden als solchem eigentümlich ist, sondern sie müssen rein bestimmt sein durch das Geschaute wie das logisch wahre Urteil durch das Gedachte; der Urteilende ist dann in beiden Fällen „nur Sprachrohr für die Sache*). Als solches ist er natürlich unentbehrlich. „Alles Schöne existiert im Zuschauer. Es ist das Objekt, worin der Zuschauer sich vertieft, folglich vergißt." „Dem Hörer und Zuschauer wird zugemutet, daß er die einzelnen Vorstellungsreihen, seien es Stimmen, oder Figuren, oder Charaktere samt ihrem Handeln, in sich selber ebenso genau und reinlich gestalte, wie das Kunstwerk sie ihm darbietet. Dann wirkt das Zusammentreffen der verschiedenen geistigen Bewegungen (welches er auf Augenblicke im Gedränge zu verlieren fürchtet und doch wieder gewinnt,) das echte Gefühl des eigentümlichen Beifalls, welchen das Kunstwerk für sich, und ohne außer sich etwas anderes zu bedeuten, hervorbringt; und so erzeugt sich das Schöne, das außer der Vorstellung gar nicht existiert, sondern immer einen, wenigstens möglichen Zuschauer voraussetzt." Enc. § 73. Aber daß der Zuschauer völlig unbefangen, d. h. nicht schon von entgegenwirkenden Gedanken angefüllt sei, wird dabei vorausgesetzt. „Es soll nicht an ihm, sondern lediglich an der jener ihm dargebotenen Reihen**) liegen, welches Gefühl sie in ihm erregen. Darum spricht er seine Gefühle in der Form einer Beurteilung seines Gegenstandes aus. Und der Gegenstand heißt aus ebendiesem Grunde mit Recht ein

*) Theod. Vogt, Zur Ethik, Jahrb. des Vereins für wiss. Päd. 33, S. 340; vgl. Hartenstein, Grundbegr. S. 13.

**) So lautet der Text K 6, 73 wie H 6, 96 nach dem Originaldruck; zwischen „der" und „jener" ist ein Wort wie „Art" zu setzen.

ästhetischer. Denn was ist ein ästhetischer Gegenstand? Nichts anderes als ein solcher, dessen bloße Vorstellung geeignet ist, in dem ihm hingegebenen, affektlosen Zuschauer ein bestimmtes Gefühl zu erregen." Ps. a. W. II, § 105; Einl. § 8. Das ästhetische Urteil ist ein synthetisches Urteil (§ 25), bei dem der Grund der Setzung des Prädikates ausschließlich in dem Subjekt des Urteils enthalten sein muß, nicht etwa in dem urteilenden Subjekte. K 11, 50; H 7, 190; Volkmann, Psych. II, § 121; vgl. Diez, Allg. Ästhetik (Sammlung Göschen Bd. 300), § 1—3.

§ 17. Das ästhetische Urteil als innere Kraft.

Damit der Urteilende die hohen Forderungen an seine Objektivität erfüllen könne, dürfen Imperative von außen nicht zu früh an ihn kommen. Man muß ihn vielmehr „auf den Standpunkt des unparteiischen Zuschauers (nach Smith) stellen, damit er das Urteil selbst fälle. Hiervon aber tut man durch die imperative Form das gerade Gegenteil, indem man ihm eine Anmutung macht, statt ihm etwas anheim zu stellen." Einl. § 72. 80 (81. 90); vgl. dazu die K 4, 280 mitgeteilten Randbemerkungen.

Das führt zurück zu der ersten obigen Formulierung, daß auch die ästhetische Notwendigkeit selbst in ihre Forderungen keine Gewalt lege. Herbart führt dazu eine Stelle aus Platos „Gesetzen" an, welche besagt: Das Band der Vernunft ist geschmeidig, weil golden; die Vernunft ist schön, daher sanft, nicht gewaltsam. E. v. Sallwürk bemerkt dazu, bei Plato sei dort von den inneren Antrieben die Rede, welche den Menschen wie Sehnen und Schnüre da- und dorthin ziehen." Ein glückliches Bild! „Zug" soll da sein; aber nicht eine äußere Macht oder Autorität soll ziehen, sondern die mit eigenem Beifall vollendete Vorstellung des — Gegenstandes.

Nun fährt aber Herbart fort: „Besonders wichtig ist es, daß die ästhetischen Urteile niemals die Wirklichkeit ihres Gegenstandes fordern. Nur wenn er einmal ist, und wenn er bleibt, so beharrt auch das Urteil, welches angibt, wie er sein sollte. Und durch dies Beharren gilt es dem Menschen, der ihm nicht entfliehen kann, endlich für die strengste Nötigung. Eine Geschmacklosigkeit ist dem Künstler ein Verbrechen; freilich nur sofern er Künstler sein will! Es ist ihm unverwehrt, sein mißratenes Bild zu zerstören, und das Instrument, dessen er nicht Meister ist, zu verschließen; endlich die Kunst ganz aufzugeben." Man vgl. auch Einl. § 9; Enc. § 45. 60. Diese nötigende Kraft ist die Ursache, daß man das ästhetische Urteil mit theoretischem Wissen in Verbindung bringt (vgl. den II. Teil) und hierdurch ausrüstet und gleichsam bewaffnet, daß es seine Forderungen auch durchsetzen kann. Zunächst aber ist nunmehr darauf hinzuweisen, wie sich die einfachen Elemente des Schönen untereinander verbinden.

§ 18. Das zusammengesetzte Schöne und seine Wirkungen.

Nach manchem nötigen Vorblick kommt die Betrachtung nunmehr endgültig zu dem Kunsturteil über zusammengesetzte ästhetische Verhältnisse. Hierbei soll die vorstehende Lehre von dem einfachen Schönen den Durch- und Überblick ermöglichen. Geschichtlich aber war immer das zusammengesetzte Schöne der Natur oder der Kunst das Frühere, d. h. es gab erst durch seine Wirkungen auf das menschliche Gemüt, ferner auch durch die Absicht, solche Wirkungen hervorzubringen, Anlaß, den einfachen Ursachen dieser Wirkungen nachzugeben. (Vgl. § 22, Vorbem.) „Die ursprünglichen ästhetischen Urteile, wodurch die ästhetischen Elemente (nach dem Sprachgebrauche des Verfassers) bestimmt werden, sind nichts weniger, als jene, von jedem nach seiner Weise gefällten Geschmacksurteile über Werke der Natur und Kunst. Die ursprünglichen ästhetischen Urteile, obschon keineswegs neu, müssen auch in der Wissenschaft nicht als bekannte Tatsachen, auf die man sich beruft (da würden sie mit tausend Verfälschungen zum Vorschein kommen), behandelt werden, sondern man muß sie gleichsam wie von neuem in sich erzeugen, indem man auf bestimmt vorgelegte Verhältnisse sein Augenmerk richtet. Hierbei wird nun niemand erwärmt, ergriffen, begeistert werden — wie man das, gleichsam als ein Recht, zu fordern pflegt, wo von Ästhetik die Rede ist. Diese Erwärmung bleibt vielmehr den Kunstwerken eigentümlich, welche aus tausend unsichtbaren Quellen auf einmal das Schöne hervorgehen lassen, und dadurch tausende von ästhetischen Urteilen, deren keins zur Reife kommt, in ein unbestimmtes Gefühl verschmelzen, wovon man hintennach durch jene Kritik des Geschmacks sich vergeblich eine genaue Rechenschaft zu geben sucht." K 4, 107; H 1, 343. Bei dieser Kritik des Geschmacks, die man mit Unrecht Ästhetik nennt (Kant, Krit. d. r. V., Werke v. Hartenstein II, 60), fängt man, anstatt die einfachen Verhältnisse neu in sich zu erzeugen, damit an, seine schon gefällten Kunsturteile zu zergliedern, von ihnen allerlei zu abstrahieren, kommt aber auf diesem Wege nicht zu den evidenten Elementen, sondern der eine auf dies, der andere auf jenes, also wieder auf einen schwankenden, unsicheren Geschmack, wie man von einem solchen ausgegangen war. Vgl. dazu K 4, 116; H 1, 134.

Obwohl ferner Kunstwerke erwärmen, ergreifen, begeistern und „alle ästhetischen Gegenstände bei günstiger Gemütslage auf den Gemütszustand wirken", so darf man doch in diesen subjektiven Erregungen nicht die Prinzipien der Ästhetik suchen, und der Künstler darf nicht, wie man schon durch ganze Perioden gemeint hat, in diesen Erregungen den eigentlichen Zweck seines Schaffens erblicken. K 4, 114; H 1, 131; vgl. H 13,96.

Er muß jedoch wissen, daß solche Wirkungen eintreten, denn es ist nur eine Abstraktion, wenn man die rein ästhetischen Wirkungen für sich allein betrachtet, und in gewissen Grenzen gehören derartige Erregungen zu den Mitteln der Kunst. Es gibt allerdings ästhetische Gegenstände, welche solche Mittel nicht brauchen. „Die ernste Tugend, — das ernste Gewölbe, der ernste Choral, die dorische Säule, selbst die reine, in strengem Zusammenhange fortfließende Erzählung, und die stille Landschaft, beginnen ihre Wirkung, wo sie den empfänglichen Menschen antreffen, geradezu beim ästhetischen Urteile; welches alsdann vielleicht seinerseits Affekten veranlaßt, aber auch wieder sinken läßt und selbst beruhigt; ohne übrigens durch sie charakterisiert zu sein. Solches Verhältnis darf man nur nicht überall verlangen; die Kunst würde auf diesem Wege den Menschen, wie er ist, allzuselten berühren können. . . Jedes Werk der schönen Natur und Kunst erhebt uns über das Gemeine; es unterbricht den gewöhnlichen Lauf des psychischen Mechanismus. Fragt man aber, wie derselbe könne unterbrochen werden, so ist die leichteste Antwort: durch Erregung von Affekten. Diese sind entweder deprimierend oder exzitierend; überdies in beiden Klassen noch äußerst mannigfaltig; sämtlich aber vorübergehend, wodurch sie sich von dem durch sein Objekt festgestellten ästhetischen Urteil unterscheiden. In der Tat läßt sich bei den meisten ästhetischen Gegenständen die Spur erkennen, daß ihre Wirkung mit Erregung einer Art von Affekten begann; so ist die Poesie nach den Seiten des Tragischen und des Heiteren, oft Komischen, auseinandergetreten, indem sie entweder deprimierend oder exzitternd ins Gemüt eingreift. Nicht sicherer kann der ästhetische Gegenstand eingreifen, als indem er affiziert; nicht besser kann der Affekt endigen, und von ihm das Gemüt sich reinigen, als durch Übergang in das zurückbleibende ästhetische Urteil.“ K 4, 113 und dazu 283; H 1, 131. „Der Künstler mag immerhin fortreißen, nur soll er uns nicht im Affekt stecken lassen." K 10, 313; H 9, 385; vgl. überhaupt 8—9 der Briefe über Freiheit des Willens. „Zwar das Gefühl ist nicht das ästhetische Urteil, und das Rührende ist nicht das Schöne. Aber der Zuschauer soll auch nicht bloßer Kritiker sein. Er ist ein ganzer, ungeteilter Mensch, dem die Kritik sein richtiges Gefühl nicht mißgönnen und verleiden darf. Darüber würde das Lyrische der Poesie und Musik seinen wahren Kern verlieren, welcher eben in der Mitteilung der Empfindung besteht, obgleich weder Poesie noch Musik bloße Lyrik ist." Enc. § 80. „Die lyrische Poesie ist die natürlichste, weil jeder das Bedürfnis hat, sein Gefühl ausbrechen zu lassen; aber das Schöne der lyrischen Poesie ist am schwersten bestimmt anzugeben. So viel sieht man, daß sie nur von Gleich-Empfindenden kann verstanden werden; die Apperzeption durch Sympathie gibt ihr das Dasein." K 4, 600; H 1, 577.

Jedoch drohen dabei immer Ausartungen. Eine auf früheren strengen Ernst der Künste folgende Verweichlichung rührt daher, daß man den Affekt, den das echte Kunstwerk bei gehörigem Vortrage erregt, später zum Zwecke machte. Enc. § 72. Diese Gefahr ist noch größer bei dem folgenden.

Die Rücksicht auf den ganzen, ungeteilten Menschen nötigt nämlich dazu, noch auf manche andere Eigenschaften der verschiedenen Kunstwerke zu achten, welche die Wirkung derselben mit bestimmen und oft genug für das, was man zunächst ihre Wirkung nennt, den Ausschlag geben. In diesen Nebenwirkungen liegt neben der subjektiven Schwierigkeit, die ästhetischen Elemente zu finden, die zweite Ursache davon, daß das Kunsturteil so oft unsicher und wandelbar erscheint und bei einer Nation, einem Zeitalter auch in günstigen Fällen erst nach längerer Zeit zu einer gewissen Übereinstimmung gelangt.

Das Schöne oder Häßliche kann zugleich Gegenstand eines relativen Vorziehens oder Verwerfens werden; dann erscheint es (wir folgen immer dem 3. Abschn. der Einl.) als nützlich, belustigend, angenehm, oder als schädlich, gefährlich, anstrengend, Trauer oder Schmerz erregend, flüchtig, verführerisch etc. „Hierauf bezieht sich eine Menge von Klugheitsregeln des täglichen Lebens." Denn im Leben kehrt sich das scheinbar häufig um, z. B. wenn man nützliche Gegenstände herstellt oder kauft und dabei neben der Brauchbarkeit zu den bestimmten Zwecken zugleich auf hübsche, gefällige, schöne Formen hält. „So werden selbst Werke, deren Verfertigung eine ganz andere Absicht hat als Darstellung des Schönen, dennoch den ästhetischen Forderungen unterworfen."

Andere Wirkungen hängen zusammen mit dem Bedürfnis nach Abwechselung. Diese kann jedes Kunstwerk bringen, indem es den gewöhnlichen Vorstellungsverlauf unterbricht und den Zuschauer vielleicht von einer drückenden Last befreit. „Schon die Erweichung des Gemüts, die Freude der Trauer bei Ossian, bei Homer, in der Tragödie, löset die Sorgen, entfesselt die Banden des Bedürfnisses, verhilft dem Menschen, daß er zu sich selbst komme." In solcher Hinsicht ist nicht bloß derselbe Mensch zu verschiedenen Zeiten und ein Mensch vom anderen verschieden, es lehnt auch ein Zeitalter mitunter das ab, was dem vorhergehenden Genuß und Erhebung brachte. „Eine Zeit, die Sebastian Bachs und Händels Kirchenmusik vergessen konnte, war unstreitig verstimmt." Aphor. zur Einl., K 4, 603. 610; H 1, 581. 591.

Herbart unterscheidet aber zwei Arten der Abwechselung: „eine ästhetische und eine andre um des psychologischen Bedürfnisses willen. Die erste ist der Sitz des sukzessiven Schönen (z. B. der Melodie), die zweite unterbricht den Zusammenhang der ästhetischen Auffassung, sie zerreißt ihn gewaltsam, wenn der Künstler nicht selbst dafür gesorgt hat, sie herbeizuführen. Je längere Fäden des sukzessiven Schönen dergestalt fortlaufen, daß das psychologische Bedürfnis der Abwechselung weder sich meldet, noch durch fremdartige Einmischungen befriedigt wird, desto größer ist der Künstler. Aber die Kunst hat auch in dieser Hinsicht ihre Grenzen; ein Musikstück darf nicht eine Stunde, eine Tragödie nicht einen Tag lang dauern; das Tempo und der Gang der Handlung dürfen nicht gar zu langsam genommen werden; dies ist nicht ästhetisch, sondern psychologisch notwendig. Ein dramatisches Werk, doppelt so lang, als Schillers Don Karlos, könnte die schönsten Verhältnisse sowohl im Umrisse als in der Ausführung haben; dennoch wäre es ein Koloß, in dessen Auffassung der Zuschauer lange vor Ende ermüden — und sich nach Abwechselung sehnen würde. Auf solche Weise wird das Schöne selbst lästig; und gilt bei allem inneren Reichtum für einförmig, weil der Auffassende überall nicht mehr schauen, sondern selbst irgend etwas tun will, wäre es auch das Gemeinste und Unbedeutendste."

Es ist nicht möglich, hier noch weitere Nebenumstände zu erörtern. Das Gesagte reicht aber hin zu dem Nachweis, daß derartig begründete Schwankungen des Geschmackes die Evidenz der einfachen Urteile nicht aufheben. Es zeigt sich nunmehr auch, mit welchem Unrechte z. B. E. v. Hartmann dem ästhetischen „Formalismus" Herbarts vorgeworfen hat, daß er die Gleichgültigkeit und ästhetische Wertlosigkeit des Inhalts zu seinem Kardinalsatze mache (die deutsche Ästh. seit Kant S. 384); Hostinsky hat dagegen nur nötig, auf den Unterschied zwischen dem zusammengesetzten Schönen und den „einfachen Prinzipien" hinzuweisen. Ein treffendes Urteil von einem anderen Kritiker Herbarts mag zum Schlusse darauf hinführen, daß der Ästhetik Herbarts trotz ihrer einfachen Grundlehre auch das Interesse an der „Welt" (S. 35) nicht fremd ist.

In einem Briefe schrieb Dittes 1852 aus Leipzig an einen Freund: „Meyerbeers Prophet wurde mit ausgezeichneten Kräften in Szene gesetzt. . . Eine Zukunft kann dieses Werk Meyerbeers nicht haben. Mir fiel bei Ansehen (denn das ist die Hauptsache) und Anhören desselben ein Wort des ewig großen Herbart ein; und da dieses Wort gerade so klingt, als sei es angesichts des Propheten geschrieben, so will ich es hierhersetzen: ‚Alles, was durch weichliche Sentimentalität, oder durch seltsame grausenhafte Phantasmagorie, oder durch Sinnenkitzel, oder auch durch ein Gemenge von dergleichen Materalien seine Geltung erlangt, muß sich gefallen lassen, verdrängt zu werden durch andre, nicht bessere, aber neue und mit noch flüchtigeren Reizen ausgestattete Machwerke.' — Da ist freilich Bachs Passionsmusik, welche ich . . hörte, ein unvergänglich erhabenes Werk."*) Herbart fährt aber an der Stelle fort: Soll irgend einmal ein anderes Interesse als das rein ästhetische vorwiegen, so muß dies ein historisches, weltbürgerliches, religiöses, kurz ein bleibendes und kein zufälliges sein. So in Schillers Wilhelm Tell, in welchem ungeachtet der lockeren Verknüpfung alles zusammenhängt in dem einen Hauptinteresse, welches der Geschichte eigen ist. „Die Kunst kann durch den Mißbrauch der genannten Zusätze entarten; dann nämlich, wenn sie über dem bloß Interessanten das Schöne vergißt; welches sich durch den Mangel eines bleibenden Eindrucks, einer bleibenden Hochschätzung verrät. Denn alles fremdartige Interesse erkaltet sehr bald; ja die Gunst, die es anfangs schaffte, verwandelt sich gar leicht in den Verdruß über das willkürliche Machwerk, welches sich anmaßte, mit unsern Gefühlen sein Spiel zu treiben. Die ästhetischen Urteile allein besitzen den Vorzug der unveränderlichen Dauer und erteilen ihn dem Gegenstande, der ihnen entspricht."

*) Leipziger Lehrerzeitung 9. Jahrg. Nr. 2; die Herbartstelle hier unverkürzt nach Einl. § 93 (109).

b) Ethik.

§ 19. Die Selbständigkeit der Ethik bei Kant und Herbart.

Auf dem Gebiete der Ethik hat der Kampf um die Unabhängigkeit von der theoretischen Philosophie weit härter geführt werden müssen als auf dem der Ästhetik. Daher hat Herbart über Ethik sehr viel und in den verschiedensten Formen gearbeitet; das systematische Hauptwerk ist natürlich die A. pr. Ph. von 1808.

In diesem Kampfe für die Selbständigkeit der Ethik sah sich Herbart mit Recht als Nachfolger Kants an. Es ist „eine völlig isolierte Metaphysik der Sitten, die mit keiner Anthropologie, mit keiner Theologie, mit keiner Physik oder Hyperphysik vermischt ist, nicht allein ein unentbehrliches Substrat aller theoretischen sicher bestimmten Erkenntnis der Pflichten, sondern zugleich ein Desiderat von der höchsten Wichtigkeit zur wirklichen Vollziehung ihrer Vorschriften". „Was ich zu tun habe, damit mein Wollen gut sei, dazu brauche ich keine weit ausholende Scharfsinnigkeit"; dafür „zwingt mir die Vernunft unmittelbare Achtung ab"*). Diese unmittelbare Achtung ist hier das, was wir bei Logik und Ästhetik Evidenz genannt haben. Hierüber sagt nun Herbart 1810 in seiner ersten Rede an Kants Geburtstage! „Wahrhaft erhaben ist bei diesem Forscher, daß er, der mächtige Kritiker, gewohnt, überall vorzudringen mit der Frage: Woher diese Gewißheit? — jede Frage schweigen hieß, wenn es auf die Anerkennung des ursprünglichen Gebots, als einer Tatsache, ankam, die schlechthin für sich selbst feststeht; und als solche von der Reflexion vorgefunden wird. Mögen andre der gebietenden Form wegen mit ihm rechten: das ehre ich, daß er die praktische Vernunft, rein un-

---

*) Grundlegung zur Met. d. Sitten. II. Abschn. Abs. 9 u. I, Abs. 19. (Ausgabe von Dr. Th. Fritzsch, Reclam.)

wissend in aller Theorie, ihr Machtwort ganz unbegleitet aussprechen läßt; daß er sie, noch völlig unbekümmert um das Sein, die Rede anheben läßt von dem Sollen." K 3, 70; H 12, 151.

Damit weist Kant und mit ihm Herbart die anthropologische, theologische und kosmologische Begründung der Ethik ab (vgl. Flügel, Probleme S. 192—228). Nur muß man dabei wirklich nur an die letzte Begründung denken, nicht an die spätere Anwendung. Bei letzterer kommt natürlich sehr viel an auf die Natur des Menschen, auf das „Wesen der Welt", auf die Umstände, unter denen ethisches Handeln stattfinden, auf die Zeitlagen, in die es eingreifen soll, auf die Vorstellung, die man sich von dem Endzwecke der „Welt" (S.36), von dem höchsten Wesen macht, ja die Anwendung besteht überhaupt nur darin, daß wir die ethischen Grundgedanken mit diesen Fragen verbinden (s. d. II. Teil). Aber in der Aufstellung der ethischen Prinzipien führen solche Ausblicke, wie Herbart immer wieder aus der Geschichte der Philosophie nachweist, völlig vom Wege ab. „Seit alten Zeiten hat man die Natur des Menschen, seit Spinoza sogar die Natur des Universums durchforschen wollen, um die Bestimmung des Menschen, das höchste Gut, den Ursprung der Tugend, die Regel der Pflicht zu finden. Hat die höchst bewegliche Natur des Menschen sich zur Bestätigung aller, auch der entgegengesetztesten Meinungen gebrauchen lassen: so ist in der Spekulation über das Universum der moralische Sinn ganz und gar untergegangen, so daß Spinoza eben so naiv und ehrlich, als konsequent, bei dem Satze anlangt, die Gewalt sei das Recht, und jeder dürfe, was er könne. Man sollte meinen, ein solches Resultat müsse ein für allemal die Täuschung, nach welcher das Reale mit dem Guten verwechselt, und das Böse als Widerspiel des Realen angesehen wird, völlig aufdecken und vernichten." K 3, 230; H 9, 12. Aber das Resultat hatte bis heute bei vielen diese Wirkung nicht.

Eine Folge dieser Unabhängigkeit der ethischen Grundlehre bei Kant und Herbart ist, daß beide in derselben ausdrücklich nichts Neues lehren wollen. Die gemeine Vernunft reicht nach Kant aus, „zu unterscheiden, was gut, was böse, pflichtmäßig oder pflichtwidrig sei, wenn man, ohne sie im mindesten etwas Neues zu lehren, sie nur, wie Sokrates tat, auf ihr eigenes Prinzip aufmerksam macht"; es sei im voraus zu vermuten, „daß die Kenntnis dessen, was not tue, mithin auch zu wissen jedem Menschen obliegt, auch jedes, selbst des gemeinsten Menschen Sache sein werde. Hier kann man es doch nicht ohne Bewunderung ansehen, wie das praktische Beurteilungsvermögen vor dem theoretischen im gemeinen Menschenverstande so gar viel voraus habe". a. a. O. I, Abs. 20. Ganz ähnlich erklärt Herbart schon in der „Ästhetischen Darstellung der Welt", er wolle nicht eine neue Sittlichkeit erfinden, „nichts Neues, aber das Alte deutlicher sagen"; ferner 1839 in den Bemerkungen zu Lotts Kritik: „Die praktischen Ideen waren keine neue Entdeckung; sie lagen längst allen besseren Systemen und der Religionslehre zum Grunde", es fehlte nur die klare Sonderung. H 13, 96; dazu Enc. § 44—46.

§ 20. Materie und Form des Willens bei Kant und Herbart.

Die Selbständigkeit der Ethik hängt mit der Grundfrage derselben zusammen, in der sich Herbart gleichfalls an Kant anschließt. Fragt man nach dem, was den Willen des Menschen antreibt, so findet die Beobachtung immer zuerst die Antwort: Güter, d. h. äußere Gegenstände und ihr Gebrauch, aber auch Freiheit von Sorge und Furcht; Achtung, Gehorsam; auch die Ruhe des guten Gewissens läßt sich so ansehen. Ein auf diesen Begriff gebautes System der Ethik ist eine Güterlehre. Ihr steht oft die Tugendlehre sehr nahe, nämlich wenn Tugend das bezeichnet, was zur Erkennung, Erwerbung, Schaffung und Bewahrung von Gütern taugt; nur liegt der Blick dabei mehr auf der Person, und die Glückseligkeitsethik (S. 24) kann auch die Tugend als ein Gut betrachten. Von dieser Art war im wesentlichen das, was Kant vorfand (man vgl. die historische Einleitung bei Allihn, Grundriß der Ethik, neubearb. von O. Flügel 1898; ferner den gediegenen historischen Abschnitt in Hartensteins Grundbegriffen).

Wie sich Kant zu diesen Grundformen der Ethik stellte, wird sich gleich zeigen; er selbst gab ihr die Form der Pflichtenlehre. Herbart findet alle drei als Grundformen unzureichend, fügt aber der Kritik die Worte hinzu: „Daß gleichwohl die bisher vorhandenen Lehren von Pflichten, Tugenden und Gütern, vom Herzen zum Herzen gesprochen, das Bessere in den Menschen zum Noch-Bessern vielfältig erhöht haben, dies zu verkennen sei ferne! Gleichgestimmte Gemüter verstehen einander trotz dem unrichtigen Ausdruck." K 2, 338; H 8, 9. Das Erste ist für beide die Abweisung der bloß relativen Betrachtungen des Guten.

Kant beginnt seine „Grundlegung" mit den berühmten Worten: „Es ist überall nichts in der Welt, ja überhaupt auch außerhalb derselben zu denken möglich, was ohne Einschränkung für gut könnte gehalten werden, als allein ein guter Wille." Dieser aber „ist nicht durch das, was er bewirkt oder ausrichtet, nicht durch seine Tauglichkeit zur Erreichung irgend eines vorgesetzten Zweckes, sondern allein durch das Wollen, d. i. an sich gut"; wenn auch in Folge besonderer Ungunst des Schicksals usw. durch ihn nichts ausgerichtet würde, „so würde er wie ein Juwel doch für sich selbst glänzen, als etwas, das seinen vollen Wert in sich selbst hat". Das nennt Kant alsdann die „Idee von dem absoluten Werte des bloßen Willens". Damit sind die beiden Formen, die Kant vorfand, abgewiesen. Die Güter nennt man so, weil man sie begehrt. Sie sind also nur die Objekte, oder wie Kant auch sagt, die Materie des Willens und können die absolute Güte desselben nicht begründen. „Der schlechterdings gute Wille wird also, in Ansehung aller Objekte unbestimmt, bloß die Form des Wollens enthalten." Kants Grundl. II, Abs. 19; vgl. K 2, 334; H 8, 5.

Über diese Seite der Lebensarbeit Kants äußert sich Herbart bis zu einem gewissen Punkte, wo die Übereinstimmung aufhört, mit immer gleichem Enthusiasmus. Mitten in der Ps. a. W. (II, § 152) nennt er die Befreiung der Maximen von der Materie das Wollen „ein nie genug zu schätzendes Verdienst; und wenn man diese große Wahrheit so hoch aus mancherlei Irrtum hervorragen sieht, beinahe ein Wunder!" In der Rede von 1810 hören wir wieder: „Die ganze Stärke seines erhabenen Geistes sehen wir beschäftigt in der Sorge: für alle Sittengesetze den ersten Punkt der Verbindlichkeit, den wahren Grund der gefühlten Nötigung, die das Wort Pflicht ausdrückt, an den Tag zu bringen. Hier ist es vorzüglich, wo ihn jeder bewundert, — wo ich ihn als meinen Wohltäter ehre. Welch gesunder, welch ein reiner Geist, ja man möchte sagen, welcher höhere Antrieb hat es ihm eingegeben, sich jener Glückseligkeitslehre entgegen zu stemmen!" K 3, 69; H 12,151. „Die Aufhebung der Glückseligkeitslehre war . . im eigentlichsten Sinne ein Verdienst um die Welt." K 3, 235; H 9, 19. Über Kant als persönlichen Wohltäter Herbarts vgl. die schon § 2 erwähnte Rezens. von Benekes „Physik der Sitten".

Wenn aber hiermit „der wichtigste Teil der Reform, welcher die Sittenlehre treffen mußte," durch Kant vollbracht war, was hatte er zu tun übrig gelassen? Er hatte, kurz gesagt, den Inhalt des Sittengesetzes nicht wissenschaftlich bestimmt und damit den Schein erregt oder verstärkt, daß es überhaupt ohne Inhalt sei, wenn man nicht an die Objekte des Willens denken wolle. An diesem Punkte beginnt Herbarts Kritik. „Der Sittliche gebietet sich selbst. Was gebietet er sich? Hier ist allgemeine Verlegenheit! Kant, der diese Verlegenheit am besten unter allen empfand, schiebt nach vielem Zaudern endlich ganz eilig die Form des Gebotes, die Allgemeinheit (wodurch es sich von momentaner Willkür unterscheidet) in die Stelle des Inhalts. Andre schieben ihre theoretischen Begriffe, — Annäherung an die Gottheit, an das reine Ich, an das Absolute — ja auch die Sitten und Gesetze des Landes, oder gar das Nützliche, das Angenehme, hier herein. Wer unbefangen ist, erkennt die leere Stelle für leer." Ästh. Darst. d. Welt, Abs. 12. Das heißt, indem Kant an die Stelle des Inhalts die Forderung setzte, daß die Maxime des Wollens als Prinzip einer allgemeinen Gesetzgebung dienen könne, war der erste Punkt der Verbindlichkeit noch nicht gefunden. Nun ging die fundamentale Selbständigkeit der Ethik doch wieder verloren. In den Beispielen, die er ausführt, erscheint wieder der Erfolg oder die Materie als das Bestimmende des Wollens. Weiter führt Kant aus, die Entscheidungen des Willens entstammten der Vernunft, und durch diese „Reinigkeit ihres Ursprungs" sei der Wille absolut gut; also nicht, wie es anfangs hieß, durch sich selbst. Endlich wird aber diese Entscheidung der autonomen Vernunft in die intelligibele Welt gesetzt; damit ist dann die Ethik wieder mit der theoretischen Spekulation verknüpft. Man vgl. Kants Grundl. II, Abs. 34 ff. und 65; Thilo, Gesch. d. Philos. II, 243; Strümpell, Einleitung in die Philos. S. 443; Just, Die Fortbildung der Kantischen Ethik durch Herbart S. 15.

§ 21. Elementarurteile als Prinzipien der Ethik.

So erkannte es Herbart als seine Hauptaufgabe, den Inhalt des Begriffes „gut" wissenschaftlich zu bestimmen, oder anzugeben, „was wir denn eigentlich da verwerfen und billigen, wo wir die Ausdrücke der sittlichen Billigung und Mißbilligung gebrauchen". Allg. Päd. III. Buch, 2. Kap. „Welche

Form die gesuchte sei, habe ich zu bestimmen unternommen, womit die Begeisterung für das pflichtmäßige Sollen, durch welche Kants Schriften wahrhaft erbaulich wirken, ihre wissenschaftliche, nüchterne Erklärung empfängt." K 10, 36; H 12, 163.

Auf welchem Wege suchte er diese Form? Daß keine Materie des Willens, sondern nur die Form der unmittelbare Gegenstand der sittlichen Bestimmungen sein könne, hatte Kant „mit dem Blicke des Genies gesehen." Aber er sah keine andere als die logische Form der Allgemeinheit, und so wurde sein Imperativ leer. „Dem großen Manne entging hier die ästhetische Form der Willensverhältnisse." K 2, 514; H 8, 200. Darin liegt Herbarts positive Antwort; ihr geht aber voraus der kritische Nachweis, daß auch die Pflicht, auf die Kant von den Gütern und Tugenden zurückgegangen war, nicht der Grundbegriff sein könne. Die Pflichtenlehre war durch das Christentum für lange Perioden die herrschende Form der Ethik geworden. Darin wird immer vorausgesetzt, daß das ursprüngliche Gebot eine unmittelbare Gewißheit besitze, wie sie in der theologisch begründeten Ethik dem Willen Gottes, in der kosmologischen Ethik dem Weltwillen beigelegt wird. Aber diese Gewißheit wird eben nur hineingelegt, also eigentlich wo anders hergeholt. Gebieten ist wollen, und jedes bloße Wollen wird allenthalben gefunden von der kritischen Frage: ob es denn gut und schön sei, so zu wollen? Eine Frage, die auf eine durchaus willenlose Antwort wartet." „Folglich . . . kann kein Gebotenes ursprünglich Pflicht sei. Und deshalb ist der Pflichtbegriff ein abgeleiteter, der in die eigentliche Grundlegung der praktischen Philosophie gar nicht gehört. Daraus folgt nun sogleich, daß ein willenloses Vorziehen und Verwerfen dasjenige sein muß, von welchem die Autorität über allem Wollen herrühre; welches eben der wahre Begriff der ästhetischen Urteile ist." K 3,

236; H 9, 20; vgl. K 2, 258; H 1, 413; — Enc. § 29; — Strümpell, Einl. S. 448 ff. Auch bei dieser vielen ungewohnten Behandlung des Pflichtbegriffes muß man bedenken, daß es sich hier um wissenschaftliche Anordnung, nicht um die Anwendung im Leben handelte. Pflicht ist „kein primitiver, sondern ein sekundärer Begriff für die Wissenschaft, während er im Leben, zur Anordnung der Handlungen von unmittelbarem Gebrauch ist“. K 10, 246; H 9, 293. Ebenso hat natürlich auch die Tugend in der Anwendung ihren sicheren Platz. Alle drei Grundformen aber „kennen nichts als den Willen und möchten ihn auf irgend eine Weise zu seinem eigenen Regulativ machen. Um dahin zu gelangen, mustern sie seine Gegenstände, versetzen ihn in die ihm entsprechenden Gefühle, graben nach seinen Quellen und forschen nach seinen ersten und letzten Äußerungen. Alles umsonst“, denn das sind bloß psychologische, also theoretische Betrachtungen des Willens. „Es ist immer nur Wille, aber keine Würde des Willens, was erreicht wird“, K 2, 336—338; H 8, 6—9; die Würde wird nur gefühlt, aber nicht erkannt.

So geht es hier wie bei der Ästhetik: „Rein dem bloßen Urteil muß man sich in die Arme werfen, um den Boden der praktischen Philosophie zu finden.“ K 2, 259; H 1, 414. Die unwillkürlichen Urteile der Billigung und Mißbilligung „sind in Wahrheit die echten und ursprünglichen Tatsachen des sittlichen Bewußtseins“, also nach Herbarts Sprachgebrauch das Gegebene, von dem sie auszugehen hat. K 3, 227; H 9, 9. Freilich sind auch diese sittlichen Urteile so, wie sie fortdauernd unter der Menge vernommen werden, „vermischt mit den heterogensten Dingen, nach Art der Menge, und verwirrt durch die verkehrtesten Meinungen der Zeit“. Die spekulative Aufgabe in der praktischen Philosophie besteht gerade nur darin, diese Grundwahrheiten aus dem Gemisch herauszuziehen und rein zum Bewußtsein zu bringen, und dieser Aufgabe muß die Methode angepaßt werden. Die gemeinen, längst bekannten Wahrheiten aber, welche dadurch zu Tage kommen, „sind uns, weil sie uns in die Gemeinschaft mit den Menschen und deren eingewurzelten Gefühlen setzen, in dieser praktischen Hinsicht sehr viel teurer als die, welche der Eigenliebe des Entdeckers schmeicheln könnten". K 2, 259—264; H 1, 414—421.

Daß Herbart auch diese sittlichen Grundtatsachen ästhetische Urteile nennt, wird von unserer Zeit als eine Vermischung empfunden, während er sich damit dem Sprachgebrauch bei Schiller, Fichte u. a. anschloß (Hartenstein, Grundbegriffe S. 16). Die sachliche Berechtigung dazu liegt darin, daß das sittliche Urteil entsteht wie das Urteil über das Schöne (s. oben S. 29). Der sittliche Geschmack, als Geschmack überhaupt, ist „nicht verschieden von dem poetischen, musikalischen, plastischen Geschmack", d. h. er äußert sich hier wie dort in willenlosen Urteilen. Aber spezifisch verschieden sind die Gegenstände: „die Elemente der Verhältnisse, welche der ästhetischen Beurteilung unterworfen sind, liegen hier außer uns, dort in uns selber." K 4, 45; 47; H 1, 47; 50. Demgemäß formuliert Herbart die Grundtatsache der Ethik so: „Der Wollende ist ausgesetzt dem eigenen Anblick, worin mit seinem Bilde das Selbsturteil zugleich erzeugt wird." Dafür gelten dann zwei Hauptsätze: „Der eine: Ergeht ein Urteil über ein Wollen, so trifft es dasselbe nie als ein einzelnes Wollen, sondern immer als Glied eines Verhältnisses. Der zweite: Das Urteil hat ursprünglich keine logische Quantität; sondern die Sphäre seiner Geltung kommt ihm von der Allgemeinheit der Begriffe, durch welche die Glieder des Verhältnisses gedacht werden."*)

*) A. pr. Ph., Einl. In dem 2. Abdruck bei Hartenstein hat diese wichtige Stelle einen schweren Druckfehler, indem der Satz nach dem ersten „sondern" hinter dem zweiten „sondern" fortfährt.

Wie man nach dem ersten Hauptsatze bei dem Willen von Verhältnissen sprechen kann, deren Glieder einzeln gleichgültig sein sollen wie die einzelnen Töne einer Harmonie, bedarf wohl keiner langen Erörterung. Ein einzelner Wille, z. B. der, irgend ein Gut sich anzueignen, ist sittlich gleichgültig, wenn dasselbe völlig herrenlos ist; er wird aber sofort anders angesehen, wenn ein anderer sich dasselbe ebenfalls anzueignen sucht, oder wenn sich herausstellt, daß es in Wirklichkeit schon einem andern gehört oder gar, daß der erste von diesem Besitzrecht gewußt hat. Der Wille, spazieren zu gehen, mag oft weder gut noch böse sein; er wird aber verwerflich, wenn man dabei eine Pflicht versäumt, und er wird löblich, wenn der Spaziergang z. B. nach anstrengender Tätigkeit im Krankenzimmer als Stärkung für weitere Arbeit notwendig erscheint und gegen unbedeutende Hindernisse durchgesetzt werden muß. Beispiele aus der Wirklichkeit sind aber meist kompliziert, während die Ethik in ihrem grundlegenden Teile die einfachen Willensverhältnisse aufsucht wie die Ästhetik die einfachen Intervalle usw.

Weil nun Herbart mehrere solcher Willensverhältnisse findet und wie in der Ästhetik den konkreten Charakter derselben wahren muß, sagt der zweite obige Hauptsatz, daß man die ästhetischen Urteile nicht als allgemeine Urteile ansehen darf. „Sollte Allgemeinheit der Charakter eines ästhetischen Urteils sein: so wäre das vollendete Vorstellen des Verhältnisses, worauf es geht, unmöglich. Denn der Blick ins logisch Allgemeine ist ein Blick auf eine unabsehliche Mannigfaltigkeit dessen, was in den Umfang eines Begriffes mag fallen können. Dieser Blick findet kein Ende." Hingegen müssen dem Geschmack die Elemente eines Verhältnisses vorliegen, und diese Elemente dürfen, wenn sie Begriffe sind, nur durch ihren Inhalt gedacht werden; jedes Urteil wird also „ganz als ein einzelnes erscheinen", und es ist auch nicht gestattet, aus mehreren „durch

Abstraktion etwas Höheres zu bereiten, das noch einen Schein von ästhetischer Geltung behaupten möchte". Die ganze Erörterung richtet sich gegen das zu Herbarts Zeit ganz besonders lebhafte Streben, in der Philosophie alles auf ein oberstes Prinzip zurückzuführen. Aus dieser Anschauung heraus hat man öfter gesagt, daß Herbarts Ethik der inneren Einheit entbehre. Wenn aber wirklich eine sorgfältige Überlegung mehrere spezifisch verschiedene Willensverhältnisse als Subjekte und demgemäß mehrere völlig selbständige sittliche Urteile findet, dann ist die Einheit des Prinzips uns nicht gegeben, sondern eine willkürliche Forderung. Zu welcher Einheit die praktische Philosophie trotz der Mehrheit der Prinzipien gelangen kann und soll, wird sich zeigen; zunächst sind die Prinzipien selbst zu suchen.

Genauer heißt das, man sucht zu den Prädikaten löblich und tadelnswert „die Subjekte, nämlich Bilder des Willens, worin er gelobt oder getadelt werde. Diese Subjekte, bloß für sich und theoretisch betrachtet, sind Begriffe. Erst das ästhetische Urteil erhebt sie zu Ideen", d. h. zu Musterbegriffen. K 2, 352; H 8, 30. Daher heißt das, was Kant den reinen Teil der Moralphilosophie nennt, bei Herbart Ideenlehre; diese gibt seiner Ethik die Grundform.

§ 22. Die ursprünglichen ethischen Ideen.

Nach dem Vorstehenden verfehlt man den Sinn und Zweck der Ideen, wenn man sie bereits als konkrete Lebensregeln auffaßt, die, weil sie sich auf absolute Urteile gründen, nun „absolut" befolgt werden sollten. Gewiß soll Herbarts praktische Philosophie eine Lehre vom Tun und Lassen werden, aber der Übergang dazu erfolgt erst nach der Ideenlehre, indem die sämtlichen einzeln zu deutlichem Bewußtsein gebrachten Musterbegriffe zusammengefaßt werden. Wie aber das zusammengesetzte Schöne und die zusammengesetzte Denkarbeit früher da war als die Kenntnis der einfachen Elemente des Schönen und Wahren, so ist auch im Gebiete der Ethik und in der persönlichen Entwicklung zuerst das Zusammengesetzte da; die unten befolgte Anordnung vom Einfachen zum Zusammengesetzten soll also durchaus nur dem wissenschaftlichen Überblick dienen, die natürliche Entstehung verläuft gerade umgekehrt. „Betrachtet man den natürlichen Ursprung: so kann man den ältesten Anfang des Bösen am wenigsten da suchen, wo die praktische Philosophie ihre Darstellung der Ideen beginnt. Die innere Freiheit ist das Letzte, was der moralische Mensch in sich bildet und was der Böse verhöhnt und wegwirft. Hingegen die gesellschaftlichen Ideen sind das Erste, wogegen der Feind im Innern heranwächst." Ps. a. W. II, § 146. Ebenso ist auf der Seite des Guten „die Gesellschaft und ihre sittliche Würde" das, was „am allerleichtesten zu sehen ist." K 10, 274; H 9, 332. Es wird erlebt, es wird dargestellt durch Lebensformen, in der Literatur, in den religiösen Urkunden, und das Einfache, mit dem die Wissenschaft die Grundlegung anfängt, muß durch verweilende, umsichtige, ja kunstvoll geleitete Betrachtung daraus hervorgehoben werden. So gehört ein ausreichender Erfahrungsstoff zur Gewinnung der Grundlehren der Ethik. Der erste Schritt dazu ist die philosophische Propädeutik (s. § 33 u. 45), der zweite das akademische Studium, für welches Herbart seine Analytische Beleuchtung des Naturrechts und der Moral schrieb, um Stoff zur Betrachtung und Vergleichung zu haben. Mit diesem didaktischen Anfangspunkte darf man aber nicht verwechseln, was für die prinzipielle Grundlage selbst gilt. Kant habe, meint Herbart, vollkommen klar gesehen, daß man die „ersten Gründe" des Sittlichen nicht von der Erfahrung zu lernen habe (vgl. Kants Grundl. z. Met. d. Sitten, II. Abschn. Abs. 1—8). Den „Zusatz" im ethischen Urteil betrachtet also auch Herbart als ein synthetisches Urteil a priori, nur nicht wie Kant im Sinne eines ursprünglichen Besitzes unserer praktischen Vernunft, denn auch dieses muß zeitlich entstehen. Er sagt daher auch nur, es sei den ästhetischen und ethischen Elementen „nicht wesentlich, aus der Erfahrung zu stammen", hebt aber selbst hervor, daß wir durch das in der Erfahrung Gegebene „veranlaßt werden, uns Begriffe vorzustellen, welche, ohne alle Rücksicht auf ihre Realität, den Beifall oder das Mißfallen erwecken". K 4, 47. 127. 131; H 1, 49. 149. 155; — K 2, 515; H 8, 212. Nachdem dann „die Erhebung zu den Prinzipien der reinen Vernunft zuvor geschehen ist" (Kant a. a. O. Abs. 7), hat die Erfahrung ihre eigentliche Bedeutung als das Feld der Anwendung. Eine solche Unterscheidung zwischen Grundlegung und Anwendung macht auch implicite jede historisch-empirische Bearbeitung der Ethik wie die von Th. Achelis (Sammlung Göschen Bd. 90), wenn sie bei aller Vertiefung in die Erfahrung die „unantastbare Gültigkeit des Sittengesetzes", die

„hoch erhaben ist sowohl über einem einfachen geschichtlichen Tatbestande als auch über dem unausweichlichen Zwange einer Naturkausalität" (daselbst S. 151, vgl. 153, 127, 38), immer festhält.

Die Darstellung der ursprünglichen Ideen folgt nun dem I. Buche der A. pr. Ph. und dem Kapitel der „Einleitung": Aufzeigung sittlicher Elemente.

1. Die Idee der inneren Freiheit. Um mit dem Einfachsten zu beginnen, bleiben wir zunächst bei einem Vernunftwesen stehen. Erhebt sich in ihm ein Begehren, Beschließen, so steht gleichzeitig vor ihm das Bild seines Begehrens und Beschließens, und es beurteilt dieses Bild. Indem nun der Wille zur Tat schreitet, hat die Person entweder wollend behauptet, was sie urteilend verschmähte, oder wollend unterlassen, was sie urteilend vorschrieb; oder Wille und Urteil haben einmütig bejaht, einmütig verneint. In allen Fällen sehen wir die Elemente des Verhältnisses voneinander durchdrungen, indem sie vorbildend, nachbildend, einander zustimmen oder widerstreiten. Dies ist „das Verhältnis des vorbildenden Geschmacks und der Willen, welche der Vorbildung entsprechen oder auch nicht". — Das Vorbild als das erste Glied dieses Willensverhältnisses nennt Herbart auch die Einsicht. Was sieht sie ein? Hier weist Herbart bereits hin auf noch andere Verhältnisse, welche der Sanktion des Geschmacks teilhaftig seien; sie alle bilden einzeln und zusammengenommen das Muster für die nachbildenden Entschließungen. Das zweite Glied nennt Herbart auch die Folgsamkeit. Folgsam soll der Wille sein; unfolgsam könnte er sein; an ihm also haben wir das biegsame Element. Das Musterbild der Harmonie zwischen beiden Gliedern heißt die Idee der inneren Freiheit; das Gegenteil ist die Unfolgsamkeit gegen das innerlich vorgebildete Wollen, motiviert durch subjektive Regungen, von denen die Folgsamkeit frei ist.

Das Musterbild kann psychologisch wohl zunächst durch eine andere wirkliche oder ideale Person, durch das

Gottes- oder Christusbild, durch einen „würdigen Volksgeist" vorgehalten werden. Das Willensverhältnis entsteht aber nur, wenn dieses Musterbild in die eigene Überzeugung übergegangen ist; Platos Trennung in Herrschende, denen Einsicht, und Krieger, denen Gehorsam gegen jene zukam, widerspricht dem, ebenso der Probabilismus der Jesuiten und jede Trennung des Gehorsams von der Einsicht. Die erste Idee wird daher populär auch Überzeugungstreue genannt. Vgl. Ziller, Allg. philos. Ethik, 2. Aufl. 1886, 161; Flügel, Probleme 252.

2. Die Idee der Vollkommenheit. Das zweite Willensverhältnis bleibt noch bei einer Person; es ist ein formales, indem es entsteht, wenn ein mannigfaltiges Wollen nach Größenbegriffen verglichen wird. Diese Größenbegriffe sind: Intension, Extension oder Mannigfaltigkeit der von dem Wollen umfaßten Gegenstände und Konzentration des mannigfaltigen Wollens zu einer Gesamtwirkung. Der an seiner Bildung arbeitende Mensch trennt sich, auch wenn er nicht gesellschaftlichen Vergleichungen entgegenginge, ungern von dem Begriff einer nächst höheren Stufe, die er jenseits der erreichten noch zu erreichen hätte, „und so führt der ihn stets begleitende Vorblick ihn immer weiter fort, — ins Unendliche, wenn die Kräfte es gestatteten. Das Vollkommene wird bei jedem Schritt gewonnen, aber im Gewinnen schon wieder verloren." Der Name der Idee bezeichnet ein Kommen zum Vollen oder zur Fülle. Man darf also an den umfassenden Begriff der Vollkommenheit, der sich in der Weisung „perfice te!" aussprach, hier nicht denken; trotzdem aber kann sich die Idee recht wohl mit diesem Begriff in seiner Vollendung decken, denn sie kann das größte Maß alles schon in anderer Hinsicht Löblichen bezeichnen. Ziller nennt sie die Idee der Willensstärke.

Die Beurteilung nach dieser Idee ist den Menschen nur zu geläufig. Sie werden geblendet von der Stärke, und ihr Auge wird stumpf gegen das Unrecht, die Unbilligkeit und das Übelwollen. Das Schwächere unterliegt, wie in der Tat, so in ihrer Meinung, — weil es das Schwächere ist; dagegen der offene Blick auf das Ganze empfängt in solchem Falle „das durch die ganze Größe vervielfältigte Mißfallen".

Wir haben absichtlich möglichst mit Herbarts Worten ausgeführt, wie schon bei der ersten Idee und wieder bei der zweiten an die weiter zu entwickelnden Ideen gedacht wird; das ist schon etwas von der Einheit, in welche die mehreren Prinzipien eingehen. Dadurch erledigen sich die Einwände, nach dieser Idee müsse das vollkommenere Schlechte gelobt werden, oder nach der Idee der inneren Freiheit müsse jede beliebige „Einsicht" als Musterbild gelten oder diese Einsicht sei gar kein Wollen, und daher liege kein Willensverhältnis vor. „In Wahrheit bedeutet aber ideale Einsicht nichts anderes als ein Musterbild der Wahrheit und Vortrefflichkeit, dessen absoluten Wert der Wille erkannt hat," wie sich oben zeigt, wo Herbart auf die nachfolgenden vier Ideen Bezug nimmt, „und das ist nichts anderes als ein ideales Wollen, in das der Wille Einsicht genommen hat." Ziller a. a. O.

3. Die Idee des Wohlwollens. Hier wird zu dem eigenen Willen ein Wille einer zweiten Person bloß vorgestellt; das Verhältnis selbst liegt also noch eingeschlossen in einer Person. Die Übereinstimmung mit dem gedachten fremden Wollen „ist unter allen sittlichen Verhältnissen dasjenige, welches am unmittelbarsten und bestimmtesten Wert oder Unwert der Gesinnung angibt. . . Fälschlich würde man den Wert des Wohlwollens als abhängig ansehen von dem Wert des fremden Willens. Nur damit nicht von einer andern Seite Einspruch geschehe, ist es notwendig, daß der vorgestellte fremde Wille tadellos erfunden werde; außerdem würde das Wohlwollen des innerlich Freien sich in seiner Äußerung gehemmt finden. Die

Güte aber ist eben darum Güte, weil sie unmittelbar und ohne Motiv dem fremden Willen gut ist." „Man sieht sie lieber in weiblicher Gestalt als in männlicher, vielleicht eben darum, weil zum männlichen Handeln noch etwas mehr gehört als sie. Aber sie ist fähig sich einzufügen in die Beziehung mit der innern Freiheit; wo sie den praktischen Weisungen der übrigen Ideen begegnet und sich mit ihnen verbindet." Von dem bloßen guten Herzen, von der bloßen Sympathie ist sie zu unterscheiden; letztere ist nur die psychologische Vorstufe des echten Wohlwollens.

Geschichtlich ist das Wohlwollen „der Hauptgedanke der christlichen Sittenlehre; sie verlangt *Liebe*". Im Altertum trat es fast niemals rein hervor; es wurde auf die Volksgenossen und noch weiter eingeschränkt, ferner zu sehr als *Wohltun* und dies wiederum als Mittel zum eigenen Wohl aufgefaßt. In christlicher Zeit litt es vielfach unter der Herrschaft der monistischen Systeme. Die Philosophie vor Kant gefiel sich wieder darin, es allgemein auf „versteckten Eigennutz" zurückzuführen. K 7, 245; H 3, 375; vgl. Flügel, Die Sittenlehre Jesu, 4. Aufl. 1902.

4. *Die Idee des Rechts.* Hiermit tut die Entwickelung einen weiteren Schritt *nach außen*, zu Verhältnissen, die das Eingentum und den Verkehr betreffen. Wir nehmen zunächst an, daß die Willen *zweier Personen* „hervorbrechen" in eine gemeinsame äußere Welt und sich *unabsichtlich* auf dasselbe Objekt richten, über welches nur einer von beiden verfügen könnte. „Wissen sie, daß sie sich hindern, wollen sie gleichwohl, eben in diesem Wissen, ihren Zweck : so . . . will jeder die Verneinung des Willens des andern. So sind sie in *Streit*." Dieses *mißfallende* Verhältnis ergibt die praktische Weisung, den Streit zu meiden. Die Regel, welche nach einstimmigem Willen dem Streit vorbeugt, heißt *Recht*. Was der Idee einer solchen Regel auch nur von fern entspricht, erfordert Re-

spekt; aber der Wert der Regeln stuft sich ab nach dem Grade der Einstimmung, die in jedem zustimmenden Willen enthalten war. Das entschieden-verkehrte, den übrigen Ideen zuwiderlaufende Recht ist besser zu machen; und zwar zunächst von demjenigen, der im Vorteil ist. Dasselbe gilt jedem Rechte, das fortdauernd dem Naturbedürfnis und Naturgesetz zuwiderläuft; wenn innere Freiheit waltet, kann ein solches Recht nicht errichtet werden oder, wäre es errichtet, nicht bleiben." Gegen die Aussonderung des sog. Naturrechts aus der praktischen Philosophie bemerkt Herbart, „daß die Wissenschaft, welche den Horizont des Lebens bestimmen will, nicht wohl tut, wenn sie die Verhältnisse, die im Handeln sämtlich und zugleich beobachtet sein wollen, auseinander rückt, statt sie einem einzigen Anblick hinzulegen". Das ist wieder ein Hinweis auf die künftig zu gewinnende Einheit der Ethik.

Einwände gegen diese Idee schlossen sich an den Ausdruck Streit, den Strümpell treffend durch „Willensstreit" ersetzt. Der recht geführte Streit vor Gericht gehört gar nicht in den Umfang dieses Verhältnisses. Der „gebildete Mensch" wird dem Streit ausweichen, wo er sieht, daß es nach objektiven Gesichtspunkten (s. oben) „dem andern schwerer wird", im entgegengesetzten Falle aber „sein Recht behaupten". H 9, 399. Über Selbsthilfe unter Kindern s. unten § 44 und Umriß § 182. Noch weniger gehört die recht geführte wissenschaftliche Kontroverse hieher; darüber vgl. Thilo und Felsch (s. Lit.-Verzeichnis), auch Hartenstein a. a. O. 195.

5. Die Idee der Billigkeit oder der gebührenden Vergeltung. Diese ist „bisher verdrängt worden von dem Gebiet dessen, was im Praktischen einer festen Bestimmung fähig ist," und zwar durch die Schwierigkeiten, welche die Aufstellung des zugehörigen Verhältnisses macht. „Wir denken uns jetzt die absichtliche Tat eines Vernunftwesens, das durch das gemeinschaftliche Medium eingreift in den

Willen des andern, so daß derselbe davon leide und die auf ihn wirkende Absicht entweder willkommen heiße oder umgekehrt .... Daß die unvergoltene Tat mißfällt, wird niemand anstehn zu bejahen, der sich an die Begriffe von Lohn und Strafe besinnt und .... erwägt, wie der Lohn als verdienter Lohn passe auf das Belohnte, wie die Strafe als verdiente Strafe angemessen sei dem Bestraften... Die Gesinnung des Wohltäters mag übrigens gefallen, und das Wohlsein des Empfängers mag uns erfreuen; ja auch die Stärke der tätigen Kraft mag gefallen. Von diesem allem zu abstrahieren, und bloß die Tat als Tat festzuhalten ist nicht ganz leicht."

§ 23. Die abgeleiteten oder gesellschaftlichen Ideen.

Nunmehr läßt Herbart den Nachweis folgen, daß die Reihe der ursprünglichen Ideen geschlossen ist. A. pr. Ph. I, Kap. 7; Enc. § 153 ff. [171 ff.]. Die kontradiktorischen Gegensätze, durch die man von einer Idee zur andern geführt wurde, lassen zwischen den einzelnen Ideen keine weiteren Verhältnisse denkbar erscheinen, und auch eine Fortführung der Reihe ist ausgeschlossen. Nimmt man nämlich mehr als zwei wollende Personen an, so werden immer je zwei, mit oder ohne Absicht zusammentreffend, die vorigen Verhältnisse wiederholen, es zeigen sich nur Komplikationen dessen, was durch Recht und Billigkeit bestimmt ist.

Aber aus „zusammengesetzter Betrachtung" gewinnt Herbart nunmehr eine vollständige Parallelreihe zu den ursprünglichen Ideen. Um nämlich dem richtigen Verhalten in den „verwickelten Angelegenheiten menschlicher Geselligkeit" eine weitere Vorarbeit zu leisten, blickt er auf den „allgemeinen Begriff einer unbestimmten Mehrheit von Vernunftwesen" und sieht die Mehreren unter gewissen Umständen auch „als eins" an; ihr mehrfaches Wollen ist dann „zu vergleichen den mehreren Strebungen und Entschließungen eines und desselben Vernunftwesens". Dadurch findet er die aus den ursprünglichen Ideen abgeleiteten Musterbilder für die Gesellungen. „Keinen andern sittlichen Wert können Verbindungen, welcher Art sie auch sein mögen, sich geben als durch Realisierung jener Ideen."

Die „notwendige Kommunikation" unter den mehreren Vernunftwesen fordert dazu auf, „alles, was Sprache heißen mag, auf das zweckmäßigste auszubilden". Eine noch natürlichere Vermittelung ist diejenige, welche bei Recht und Billigkeit vorkommt. Daher gehen diese beiden Ideen hier voran; alsdann folgen die ersten drei in umgekehrter Ordnung, „so daß die Idee der inneren Freiheit die Reihe beschließt und den Rückgang von den Verhältnissen mehrerer Willen zu denen, die Ein Zentrum des Bewußtseins erfordern, gehörig vollendet". — Nunmehr folgen wir der A. pr. Ph., I. Buch, Kap. 8—12.

1. Die Rechtsgesellschaft. Denkt man sich eine Mehrheit von Menschen auf einem Boden, der mancherlei bietet, worauf der Wille sich richten kann, so ist vielfacher Streit möglich. Daraus entsteht eine doppelte Aufgabe. „Dem Streit vorzubeugen nötigt zu einem so vielfachen Überlassen, daß es die Möglichkeit des Streites erschöpfe." Aber wer kann alles voraussehen? Wie die Übereinkunft getroffen sei, das wäre dem Rechtsbegriff wohl gleichgültig; aber Naturbedürfnisse wirken zusammen mit den Weisungen anderer praktischer Ideen, um bei solcher oder anderer Einrichtung die Neigung zum Streit entweder zu besänftigen oder zu reizen. So bekommt eine gegebene Rechtsgesellschaft schon als solche verschiedene Grade des Werts, die sich umgekehrt verhalten wie die Stärke der Neigung zum Streit. „Davon ist noch sehr verschieden derjenige vollständige, wahre Wert eines geselligen Vereins, welcher

nur aus der Beurteilung nach allen Ideen zugleich kann ermessen werden."

Zu den Maßregeln, den doch entstandenen Streit zu schlichten, gehört, daß im voraus Richter und Gesetz anerkannt ist. Bei wirklich vollzogenen widerrechtlichen Dispositionen gilt es, ihre Folgen zu vernichten. Da nicht immer der wirkliche Ersatz möglich ist, so ist wiederum im voraus die allgemeine Zustimmung nötig, der eine sei bereit zur Leistung der festgesetzten Art des Ersatzes, der andere bereit, sich dabei zu beruhigen. Die Ungewißheit aber, ob immer ein wirklicher Ersatz denkbar sei, treibt dazu, im voraus auch den Willen, die Streit erheben möchten, Strafen anzudrohen; das führt zur folgenden Idee.

2. Das Lohnsystem. Immerfort sprechen die unvergoltenen Taten. In welchem Kreise die Kunde vom Frevel und vom Verdienst pflegt umzulaufen: in diesem Kreise gebührt sich, ein Lohnsystem zu errichten. Dergleichen Kreise und Systeme können ihrer mehrere in einander enthalten sein; denn was mehr der Rede wert ist, macht sich weitere Kreise als das minder wichtige. — Aber aus mehr als einem Grunde muß das Lohnsystem geneigt sein, sich der Rechtsgesellschaft anzuschließen; so wie diese, sich durch jenes zu ergänzen. Hinsichtlich der Handlungen, welche Wohl beabsichtigten und bewirkten, müssen rechtliche Anordnungen dafür sorgen, daß allgemeine Beiträge zur Vergeltung geliefert, Unbilligkeiten im Verkehr der Einzelnen vermieden werden und keine Verdienste unbemerkt bleiben. Schwieriger ist die Erwiderung der Übeltaten. Kann man sie vergelten, bloß um zu vergelten? Es ist fühlbar, daß ein solcher Vorsatz eines Übelwollens verdächtig sein würde. Daraus folgt, daß es keine Strafe um der Strafe willen geben solle; sondern daß die Strafe eines Motivs bedürfe. Das Lohnsystem muß sich also hier an etwas außer ihm anlehnen. (Hiergegen wendet

sich Felsch in seinen „Erläuterungen“ S. 63. 74, ohne aber das, was Herbart daraus gefolgert, zu bestreiten.) Das Motiv kann von den Ideen der Vollkommenheit, des Wohlwollens, des Rechts herstammen; die Strafe kann zur Besserung oder zur Abschreckung bestimmt sein. Bei der Anlehnung an die Rechtsgesellschaft muß diese die Kritik von Seiten der Billigkeit ertragen; gegen unbillige Strafen wird letztere immer Einspruch erheben, trotzdem sie zu Recht bestehen. Ein festes Resultat wird erst herauskommen, wenn auch die anderen Ideen noch befragt sind und unter den verschiedenen Beurteilungen die gehörige Verbindung gestiftet ist. (Fragen des Rechts und der Vergeltung sind besonders eingehend behandelt in der Ethik von Ziller, der zuerst der juristischen Fakultät der Universität Leipzig angehörte.)

3. Das Verwaltungssystem. Auch nachdem die gesellschaftlichen Angelegenheiten von Vorwürfen befreit sind (das Recht und die Billigkeit gehen aus mißfälligen Verhältnissen hervor), kann das Wohlwollen noch eine ganz andere Einrichtung fordern; nämlich das allgemeine Beste, d. h. die größte mögliche Summe der Befriedigung für alle. Damit stößt es freilich mitunter an wider die billige und wider die rechtliche Verteilung. Wenn gegenseitiges Wohlwollen das allgemeine Beste für eine höhere Angelegenheit hält als jeden Privatvorteil, so werden Recht und Billigkeit sich biegsam zeigen; beim Mangel des gegenseitigen Wohlwollens geht den Regeln der besten Verwaltung die billige Gleichheit und dieser wieder das Rechtlich-Anerkannte vor. Das schafft wenigstens Ordnung unter den frommen Wünschen; es zeigt, daß die Riegel, welche der Verbesserung im Wege stehn, nur hinweggeschoben werden dürfen durch die Macht eines von allen Seiten zuströmenden Wohlwollens. Dieses erfordert nun aber, daß es von dem Willen, dem es sich widmet, Kenntnis erlange, und das heißt im gesellschaftlichen Systeme, die Verwaltung muß Öffentlichkeit und die

Hilfsmittel der Kenntnis müssen gehörige Verteilung und Verbreitung haben.

4. Das Kultursystem. Nachdem das Wohlwollen gesprochen, noch etwas Höheres im Namen anderer Ideen zu fordern, ist unmöglich. Was sich hinzusetzen läßt, fließt zusammen mit den Voraussetzungen, die nach dem eben Gesagten zu den Plänen des Wohlwollens gehören. Verständnis und Einverständnis bis zur allgemein entgegenkommenden Güte, Zusammenordnung aller Kräfte zur Erreichung des gemeinen Besten, Übung, Stärkung, Schonung, Bewaffnung dieser Kräfte durch die passendsten Mittel, dies alles sind Bedingungen des Verwaltungssystems. Auch der eigentümliche Grundgedanke des Kultursystems, die bloße Ausbildung der Kräfte ohne Beziehung auf einen Zweck, nur damit sie hervortreten und sich darstellen in ihren Wirkungen, ist darum der besten Verwaltung wesentlich, weil mit der Kraft zugleich eine ursprüngliche Lust des Hervortretens verbunden ist, welche die Summe der Befriedigungen vermehrt. Demgemäß begrenzt das Wohlwollen die Vollkommenheit, indem es Übungen, die weder aus Lust entsprangen, noch hinterher die Unlust durch reichliche Befriedigung vergüten, selbst in dem Falle zurückweisen würde, wenn das Ganze der Kräfte dadurch zu wachsen schiene. — Dieser Punkt wird in der Pädagogik wieder aufgenommen, ebenso daß die Einzelnen nach einzelnen Seiten hervorragen, für anderes vielseitige Empfänglichkeit zeigen, alle aber auf einander zählen und nun nicht mehr die Einzelnen, sondern nur alle als eins der Beurteilung genügen.

5. Die beseelte Gesellschaft. Werden so die Individuen von einem Geiste bewegt, den kein Einzelner sich eigen und auch keiner fremd fühlt, so können sie ihn ansehen wie eine Seele, die in ihnen allen, in ihrer Gesamtheit lebt. Aber allein die Ideen können eine Gesellschaft in Wahrheit beseelen; und zwar sprechen zu der unbestimmten Mehrheit wollender Wesen die ab-

geleiteten Ideen. Dieselben erkennen und ins Werk richten, schafft aufs neue Harmonie der Einsicht und der Befolgung; diese innere Freiheit gebührt der Gesellschaft. Der ganzen Einsicht dürfen nicht einzelne Ideen fehlen; die bloße Rechtlichkeit oder auch die bloße Kultur würde durch vielfache Mißgestalt den ganzen Anblick verderben. Unmittelbar durch diese Beurteilung besitzt die Gesellschaft ein gemeinsames Gewissen.

Mehrere beseelte Gesellschaften, die nebeneinander vorhanden sind, können der vergleichenden Betrachtung nicht entgehen; die minder vollkommene Darstellung der Idee wird neben der besser ausgeführten mißfallen. Aber sie haben auch unter sich dem Streite vorzubeugen, Einrichtungen des Lohnsystems zu treffen; die Verwaltung wird durch eine eingegangene Gemeinschaft gewinnen, und das Kultursystem meidet gern die doppelten Exemplare. Sie werden also zusammenschmelzen, wenn die Bedingungen der Mitteilung auf dem ganzen Boden gleichförmig verbreitet sind. Hier sind Grade möglich, und auch eine minder vollkommene Leichtigkeit hat noch den Beruf, zu sorgen, daß die gesellschaftlichen Ideen nicht vernachlässigt erscheinen. Die hiermit angedeutete Artikulation kann noch fortgehen. (Man kann an die verschiedenen christlichen Konfessionen auf dem Boden eines Staates denken.) In solcher Gesellung liegt eine Tendenz zur vollkommenen Einigung; allein auf keinem anderen Wege als durch Aufhebung der Hindernisse, welche der gleichförmigen innigen Mitteilung zuwider sind.

§ 24. Vereinigung der Ideen in der Tugend; Pflichten.

Das II. Buch der A. pr. Ph. heißt: Die Ideen und der Mensch; es fährt also in die „Sphäre des Wirklichen“. Zuerst faßt Herbart die bisher einzeln betrachteten Ideen zusammen in den Begriff der Tugend (Kap. 1—3) und schließt daran die Behandlung der Pflichten

(Kap. 4—12). Dieser notwendige Abschluß ist von manchen Kritikern gar nicht beachtet worden.

Die Tugend besteht in der Vereinigung der Ideen. „Soll aus den Elementen wirklich eine praktische Philosophie, eine Lehre vom Tun und Lassen, von den unter Menschen zu treffenden Einrichtungen, vom geselligen und bürgerlichen Leben gewonnen werden: so kann es keinen größeren Fehler geben, als wenn man irgend eine der praktischen Ideen einzeln heraushebt, um die bloß um ihretwillen notwendigen Anordnungen zu erforschen. Vielmehr nur alle vereinigt können dem Leben seine Richtung anweisen; sonst läuft man die größte Gefahr, einer die übrigen aufzuopfern; und dadurch kann ein von einer Seite sehr vernünftiges Leben von mehreren andern Seiten höchst unvernünftig werden." K 4, 123; H 1, 143.

Darum muß auch die Ethik bei der Nachbildung der Ideen „jeden an sein Herz — nicht etwa nur zuweilen, sondern auf immer verweisen; an jenes Zartgefühl nämlich, . . . das den Unterschied des Gewichts der verschiedenen Verhältnisse richtig angibt, die Rücksichten, welche einem jeden zukommen, wohl abmißt, und so wie es überhaupt das Leben leitet, auch im Gedränge der Ansprüche . . . den leidlichsten Ausweg aufzuspüren weiß". A. pr. Ph., Einl.

Sollen die Ideen nun im Gebiete des Wirklichen etwas wirken, so müssen sie wie die ästhetischen Urteile des Künstlers eine innere Kraft werden. Jetzt ist vom bloß ästhetischen Urteil über den Willen das moralische Urteil zu unterscheiden. „Kinder, die nach außen schauen, beurteilen oft mit ungemeiner Schärfe die Handlungen anderer Menschen, ohne nur daran zu denken, daß solche Forderungen, wie sie gegen andre aufstellen, auf sie selbst zurückfallen werden. Da sieht man das nackte ästhetische Urteil, noch ohne moralische Gesinnung." Wer aber letztere hat, der macht aus den praktischen Ideen eine Regel, um an diese die zukünftigen Gesinnungen und Handlungen zu binden. Enc. § 207 [227]. Aus den ersten willenlosen Wertbestimmungen hat sich ein Vorsatz erzeugt, mit dem nun die nachfolgenden Handlungen verglichen werden. Demnach gehen ästhetische Urteile dem moralischen voraus und liegen ihm zu Grunde. Dem Künstler werden seine besondern ästhetischen Urteile zu einem Gewissen für ihn, für manchen andern dagegen nicht; ja auch der Künstler selbst kann Richtungen seiner Kunsttätigkeit aufgeben (§ 18). Aber „das Wollen kann man nicht aufgeben; es ist der Sitz des geistigen Lebens." Enc. § 45. „Unvermeidlich, wie durch ein Verhängnis, fällt das Bild desselben, wo immer es möchte gesehen werden, der Beurteilung nach den Ideen anheim; und gilt, wo es gelten kann, wie vor ewigen Richtern. . . Niemand wird gefragt, ob er die Ideen anerkenne... Sooft die Menschheit, beschäftigt mit äußeren Gegenständen, vertieft in ein äußeres Ziel, . . plötzlich stößt an das harte Urteil: ebensooft wird sie die Stimme des kategorischen Imperativs zu vernehmen glauben." A. pr. Ph., Einl.

Fassen wir nun diese ewige Autorität der Ideen zusammen mit der Notwendigkeit, sämtliche Ideen zu vereinigen, so haben wir die Erklärung der Tugend; sie ist „das Verhältnis zwischen der ganzen Einsicht (der Erzeugung aller praktischen Ideen) und dem ganzen entsprechenden Wollen, als reelle Eigenheit eines Vernunftwesens". A. pr. Ph. II 1. Die Allg. Pädagogik (I. Buch, 2. Kap.) sagt dafür kurz, im Gemüte des Zöglings sei die Einsicht samt dem ihr angemessenen Wollen hervorzubringen, und das nennt Herbart später die „Realdefinition der Tugend". K 2, 164; H 12, 234. „Ob die Tugend handeln solle? wäre eine falsch gestellte Frage. Sie wird handeln, wenn es Gelegenheiten gibt, die ihr angemessen sind." A. pr. Ph. II 2. Aber da es für sie, weil sie eine Verbindung mit der Sphäre des Wirklichen ist, Erfahrungen gibt, muß sie immer bereit sein, neue Bestimmungen in sich aufzunehmen; auch muß

„die fortdauernd zunehmende Kenntnis dessen, was in jedem möglichen Sinn nicht tunlich ist, das Gemüt konzentrieren auf die Erforschung des Tunlichen; also zunächst auf ein Handeln in Gedanken... Alles Gelingen erfreut und erhebt; wie sollte eine gelungene Idealwelt nicht begeistern, über welche der Beifall selbst sich freut?" ebd. 3. Kap.

Demjenigen, der so in Gedanken oder in der Wirklichkeit handelt, der fortschreiten will und fortschreiten machen möchte, bietet die praktische Philosophie dreierlei Überlegungen dar: „1) insofern die Grundideen den Einzelnen gelten, 2) sofern die abgeleiteten Ideen sich die Gesellschaft zum Gegenstande nehmen, 3) sofern die Einzelnen und die Gesellschaft in ihrer Wechselwirkung das Künftige zum Schlimmern oder Bessern hinführen ... Erwägen, was zu leisten und zu lassen sei, heißt Pflichten erwägen. Es ist aber hier die Rede ... von der größeren Anordnung des Lebens, welche der tugendhaften Gesinnung im ganzen soll gewidmet sein." ebd. 8. Kap. Neben dem Ideal der Tugend entsteht so noch ein zweites Ideal, das aber „noch nicht mit dem Namen des Staats darf belegt werden, welchen vielmehr erst die in ihm liegende Macht charakterisiert". K 4, 124; H 1, 145.

An dieses zweite Ideal knüpfen Herbarts Gedanken über Politik an. Es zeigte sich aber schon hier, wie seine ethische Elementarlehre, die anfangs scheinbar nur das Individuum ins Auge faßt, kraft innewohnenden Triebes sich zu einer gesellschaftlichen Tugend- und Pflichtenlehre auswächst, die auch bei den höchsten und verwickeltsten Aufgaben den treibenden Idealgrund immer in deutlichen Begriffen nachweisen kann, während jede Richtung, welche nach der Wirklichkeit die gesellschaftlichen Zwecke sogleich als Prinzipien betrachtet, diesen Grund im besten Falle bloß fühlend richtig voraussetzt.

§ 25. Die normativen Wissenschaften als ein Ganzes.

Der Verwirrung durch den doppelten Gebrauch des Wortes Ästhetik hat man auf mehrfache Weise zu begegnen gesucht. Theodor Vogt faßt zunächst die drei normativen Wissenschaften Logik, Ästhetik und Ethik als Dignitätslehre zusammen. Die Gleichartigkeit ist natürlich auch Herbart nicht entgangen (S. 14); er legt aber Wert darauf, daß man den assensus logicus, die Zustimmung, nicht dem Beifall gleichsetze, der dem Schönen gebührt (S. 26). Vogt macht nun für seine Zusammenordnung weiter geltend, daß auch in den logischen Grund-Urteilen das Prädikat ein in dem Denken des Subjekts sich ergebender Zusatz sei wie im ästhetischen und ethischen Urteil; alle drei Arten sind in diesem Sinne evidente synthetische Urteile, und die drei Wissenschaften nennt Vogt der Entstehung nach synthetische Wissenschaften. Das stimmt zu dem, was in § 6, 12 und 17 auszuführen war. Es fehlt also nur, daß der allgemeine Sprachbrauch sich dem anschlösse.

Ohne einen neuen Terminus einzuführen, dehnt Strümpell in seiner „Einleitung in die Philos." den Ausdruck praktische Philosophie, den Herbart mit Kant, Wolff u. a. für die Ethik gebrauchte, auf Ästhetik und Logik aus. Daß Strümpell die Logik „wegen ihres allgemeinen praktischen Charakters" in seiner schematischen Übersicht vor alle andern Wissenschaften stellt, ist die Folge ihrer Anwendung in allen Gebieten, dem eigenen Charakter nach bildet sie mit Ästhetik und Ethik eine gleichartige Gruppe. Hiergegen wäre nur einzuwenden, daß Herbart auch öfter die angewandten Wissenschaften (§ 42) praktische Wissenschaften nennt, und dahin neigt mit Recht der allgemeine Sprachgebrauch. Unter diesen Umständen haben wir das Ganze meist als normative Disziplinen zusammengefaßt und gehen nun zu dem Gegenstück über.

B. Die theoretischen oder erklärenden Disziplinen. (Metaphysik.)

1. Allgemeine Metaphysik.

§ 26. Stellung und allgemeine Aufgabe der Metaphysik.

Das Hauptwerk, die zweibändige „Allg. Metaphysik nebst den Anfängen der philos. Naturlehre", erschien erst 1828—29. K 7 u. 8; H 3 u. 4. Vorher gab es, abgesehen von einigen lateinisch geschriebenen Arbeiten, zuerst nur die sehr knapp gefaßten „Hauptpunkte der Metaphysik, vorgeübten Zuhörern zusammengestellt“, 1806. K 2, 175—216; H 3, 1—48. Die Schrift war zunächst nur zum Verschenken an Hörer und Freunde bestimmt und kam erst 1808 als 2. Aufl. in den Buchhandel („auf vieles Bitten der Schüler“, Griepenkerls Briefe S. 86). Die psychologischen Werke mußten an die „Hauptpunkte“ anknüpfen, dieselben aber vielfach erweitern und namentlich verteidigen. Über die „Einl. in die Philos.“ s. § 5; die dort berührten Gründe für die Anordnung der philosophischen Wissenschaften macht Herbart bei der Metaphysik ausdrücklich wieder geltend.

„Wessen praktische Philosophie noch schwankt: dessen Gemüt kann bei spekulativen Untersuchungen nicht in Ruhe sein; am wenigsten bei solchen, die den menschlichen Geist betreffen; ohne Gleichmut aber gelingt keine Spekulation, sondern sie erzeugt Wahn und Trug. Wer meine praktische Philosophie nicht kennt, der begreift nicht was ich will, und mutet mir an, Dinge zu wollen, die ich verwerfe.“ Ps. a. W. I, § 23.

Noch weiter rückwärts wird für nötig erachtet, daß man sich für die Bewegung des Denkens, welche die gemeine Erfahrung erschüttern soll, ausrüsten müsse mit den Hilfsmitteln der Logik, „welchen alsdann noch durch die feststehenden Grundideen der praktischen Philosophie ein Gegengewicht muß gegeben werden“. Einl. § 17.

Von der Metaphysik aus vorwärtsschauend, sagt Herbart: „Niemand wird die Psychologie fest anfassen, dessen allgemeine Metaphysik noch im Schwanken begriffen ist.“ Ps. a. W. II § 152. In umgekehrter Richtung betont Herbart daselbst: Logik, Ethik und allgemeine Metaphysik haben „Befreiung nötig von der Vormundschaft der Psychologie, unter der sie widerrechtlich gehalten wurden“.

Die Aufgabe ist wie bei den vorigen Disziplinen gegeben; auch die Metaphysik behandelt nicht willkürlich gemachte, sondern gegebene oder notwendig erzeugte Begriffe. Einl. § 11. Aber die Bearbeitung ist hier eine ganz andere. Die Erfahrung drängt uns nämlich Begriffe auf, die, je deutlicher man sie macht, je schärfer man ihre Merkmale zu unterscheiden sucht, gerade um so weniger die Vereinigung unserer Gedanken zu lassen, das Denken mit sich selbst entzweien und den Zwiespalt auch in die Anwendungen hinaustragen, wenn er nicht rechtzeitig unwirksam gemacht wird. Unsere Vorstellungen von den Dingen und von ihren Verknüpfungen unter sich und mit uns sind nicht gleich bei ihrem ersten Entstehen wahre Bilder des Realen, sondern als Naturprodukte des psychischen Mechanismus unvermeidlich so beschaffen, daß eine später gebildete Reflexion einen Fehler nach dem andern darin entdeckt. Solche Begriffe hat die Metaphysik einer notwendigen Umbildung zu unterziehen oder sie, da, wie sich zeigen wird, hierbei etwas hinzugedacht werden muß, zu ergänzen. Die Metaphysik hat also nicht wie die Mathematik und wie Logik, Ästhetik und Ethik Grundwahrheiten, sondern Grundirrtümer. Met. I, Einl.

§ 27. Die Skepsis; Herbarts Realismus.

Die Lehre, daß unsere Auffassung des Gegebenen mangelhaft sein soll, widerspricht dem naiven Realismus, welcher annimmt, daß die Dinge so sind, wie wir sie wahrnehmen. Was denselben umstößt, ist die Skepsis, der schmerzhafte aber notwendige Durchgangspunkt zu begründetem Wissen. „Wer nicht einmal in seinem Leben Skeptiker gewesen ist, der hat diejenige durchdringende Erschütterung aller seiner von früh auf angewöhnten Vorstellungen und Meinungen niemals empfunden, welche allein vermag, das Zufällige von dem Notwendigen, das Hinzugedachte von dem Gegebenen zu scheiden. Ihm droht törichter und hochmütiger Dogmatismus." Einl. § 18. Das weist deutlich zurück auf das, was Herbart in seiner Jenaer Zeit erlebte. Aber während der selbst noch im Werden begriffene Idealismus Fichtes auf ihn einstürmte, erschienen 1795 die Fragmente des Eleaten Parmenides. K 4 S. VII. 8, 35. 291; H 1, 11. Diese versetzten ihn, zumal da er die philologischen Studien eifrig weiter betrieb, indem er mit einem Schüler von Voß den Homer las, in die Anfänge der Spekulation bei den Griechen. Hier drängte nicht der Streit der Meinungen, nicht das Bestreben, den Vorgänger zu überbieten, sondern allein das Gegebene selbst zum Philosophieren. Mit dieser Hilfe überwand Herbart den Sturm der skeptischen Fragen des Idealismus.

Wie sich der Mensch solchen Zweifeln gegenüber verhält, „das muß auf sein Denken und auf sein Verhalten der Welt gegenüber einen entscheidenden Einfluß haben". Einl. § 33. Daß sie oft auch auf das praktische Gebiet hinüberwirken, ist jedoch „keine notwendige Folge, sondern nur eine Schwachheit der Menschen. Denn die ästhetischen Urteile, auf denen die praktische Philosophie beruht, sind unabhängig von jeder Realität irgend eines Gegenstandes; so daß sie selbst mitten unter den allerstärksten metaphysischen Zweifeln mit einer unmittelbaren Gewißheit hervorleuchten." So entsteht eine Regel der Selbstzucht: „Damit man unbefangen denken könne, ohne seinen Gefühlen zu schaden, muß man das Denken stets als einen bloßen V e r s u ch betrachten und es ganz absondern von den Ansichten, an welchen die Sittlichkeit des Charakters zu hängen scheinet; — bis in reiferen Jahren beides sich von selbst vereinigt. Voreiliges Reformieren schadet im eigenen Innern ebenso, wie in der Außenwelt und im bürgerlichen Leben." Einl. § 16; Ps. a. W. I, § 31 Anm.

In der Skepsis unterscheidet nun Herbart eine niedere und eine höhere Stufe. Die n i e d e r e, anfängliche S k e p s i s bezweifelt bloß, daß die Dinge gerade so beschaffen seien, wie sie uns erscheinen. Einl. § 18—20. Um nicht „so leichte Sachen" ausführlich entwickeln zu müssen, deutet er die Fragen nur an und weist dann hin auf Änesidemus, Sextus, auf Ciceros quaestiones academicas. Es ergibt sich: „Neben oder nach gewissen Farben,

Tönen, Speisen, Gerüchen machen andere einen ungewöhnlichen Eindruck; und nach unserer Laune finden wir die nämlichen Dinge bald lächerlich bald traurig." Also der veränderliche Zustand unserer Sinne, Nebengedanken und andere subjektive Umstände beeinflussen unsere Wahrnehmungen und Urteile.

So sind die sämtlichen in der Wahrnehmung gegebenen Eigenschaften der Dinge relativ. Einl. § 97 [118]. Ein Körper hat Farbe, aber nicht ohne Licht; er ist schmelzbar, wenn Feuer dazu kommt; „und so gibt keine einzige Eigenschaft dasjenige an, was er, ganz ruhig gelassen, für sich selbst ist". Jeder Sinn sagt von demselben Dinge etwas anderes. Ist es nun ein solches, wie es schmeckt, oder wie es klingt oder wie es aussieht? Wir können das Ding nur erkennen an den Eigenschaften, die es hat. Das eigentliche Was der Dinge wird uns durch die Sinne nicht bekannt. „Der Kinderglaube ist uns geraubt."*)

In der höheren, später sich regenden Skepsis (Einl. § 22—29) lautet die Hauptfrage: Nehmen wir wirklich alles wahr, was wir wahrzunehmen glauben, oder denken wir es auf irgend eine Art hinzu? Sehen wir nicht statt massiver Körper eigentlich nur Oberflächen? Sehen wir Flächen? Leere Entfernungen? Hören wir in der Zeit auch die Distanzen zwischen zwei Tönen? Wenn mehrere Sinne über ein Ding Aussagen tun, so ist nun auch hier, in dem Gegebenen, Materie und Form zu unterscheiden. Bei zwei Metallen ist die Summe aller Merkmale die Materie, die Verteilung derselben in zwei Gruppen die Form. Die Unterscheidung von Gold und Silber beruht ganz wesentlich auf der Gruppierung der Merkmale. Aber niemand fühlt mit der Schwere und durch dieselbe die Notwendigkeit, dieses Schwere zugleich für gelb zu halten; u. s. w. Haben wir

*) Vergl. dazu Hartenstein, Probleme und Grundlehren der Allgem. Metaphysik. 1836. S. 42.

nur die Merkmale wahrgenommen, die Vereinigung aber hinzugedacht?

Zu Veränderungen denken wir Ursachen hinzu. Nach dem vorigen ist es schon zweifelhaft, ob man die Zeitfolge zwischen dem Anschlagen des Kiesels und dem Hervorspringen des Funkens wahrnehme; wie steht es mit dem Eingreifen des Wirkenden in das Leidende? Wie mit den zweckmäßigen Formen der Naturgegenstände?

Unsere Vorstellungen schreiben wir uns selbst, unserm Ich zu; aber wenn man von dem Ich alles, was als Zufälligkeit sich absondern läßt, wirklich absondert, was bleibt da Deutliches übrig?

Zusammengefaßt wäre dies alles der Zweifel, ob nicht die sämtlichen Formen, die wir wahrzunehmen glaubten, „leere Einbildungen seien, von welchen sich los zu machen der erste Schritt zur Weisheit sei?" Damit läge aber die ganze Natur und unser eigenes Selbst zerrissen, zerstört vor uns.

Wer nun so gründlich gezweifelt hat, der wird nicht zum naiven Realismus zurückkehren, aber auch nicht im Zweifel stecken bleiben können. „Wer in der Skepsis beharrt, dessen Gedanken sind nicht zur Reife gekommen." Einl. § 18. Aber die historisch vorliegenden Auswege laufen nach zwei ganz entgegengesetzten Richtungen. Cartesius sagte: Da doch unsere Wahrnehmungen bestehen bleiben, so muß der Geist das einzige Reale sein. Berkeley behauptete, die „Dinge" seien nur unsere „Ideen", der Urheber dieser Erscheinungen sei Gott. Über Kant hinweg kam auch Fichte zum Idealismus, nur aus moralischen Gründen ließ er das Ich ein Nicht-Ich setzen. Ps. a. W. I, § 22; vgl. Wentscher, Einführung in die Philos., Sammlung Göschen Bd. 281, S. 40.

Dagegen läßt Herbart zwar der niederen Skepsis das Recht, das er ihr gegeben, macht aber gegen die Folgerungen der höheren Skepsis geltend: Wenn wir auch kein Band wahrnehmen, das die Dinge zusammenhält, so ist es uns schon kaum möglich, von aller Gruppierung zu abstrahieren und uns die bloße Materie im obigen Sinne vorzustellen. Sobald wir aber versuchen, uns andere Verbindungen vorzustellen, dann will sich die Anschauung diese ersonnenen Verbindungen durchaus nicht unterschieben lassen. Wir finden uns gebunden, nur die bisherigen Komplexionen für gegeben zu halten, und das heißt nichts anderes als: sie sind uns wirklich gegeben. Damit ist das Faktum als solches wieder hergestellt, der Wahrnehmung ihr Recht zugesprochen. Einl. § 101 [102]. „Was wir von der Natur erkennen, das sind nicht Dinge an sich, wohl aber Verhältnisse der Dinge." K 6, 345; H 1, 519. Wie aber ist das zweite möglich, wenn wir gemäß dem ersten zugestehen, daß wir immer nur unsere Vorstellungen haben und aus denselben nicht herauskommen? (Vgl. Wentscher a. a. O. S. 39.) Herbarts Antwort ist: „Es ist wirklich nicht Reales gegeben; . . der wirkliche Schein ist das, was gegeben ist, und alles Gegebene ist Schein"; dieser aber deutet auf Seiendes hin. „Unser Denken korrespondiert mit den Erscheinungen darum, weil ihre Regelmäßigkeit ihm die seinige gegeben hat, denn es ist durch sie und für sie gebildet worden." Ps. a. W. II, § 140. Zu dem Erscheinenden aber Seiendes als Ursache voraussetzen ist metaphysischer Realismus.

§ 28. Methodologie.

Meine Weise ist, sagt Herbart, von dem ganz Bekannten auszugehen und durch evidente Methoden fortzuschreiten. K 2, 515; H. 8, 212. Die Methodologie bildet im II. Teile der „Allg. Metaphysik" den ersten der fünf Abschnitte; in den „Hauptpunkten" liegt sie in den beiden Vorfragen: I. Wie können Gründe und Folgen zusammenhängen? II. Was ist gegeben? Methode ist die allgemeine Angabe der Art und Weise, aus Prinzipien etwas abzuleiten. Prinzipien sind diejenigen Begriffe oder Begriffsverbindungen, welche zu Anfangspunkten im Philosophieren dienen können. Folglich muß ein Prinzip 1) selbst ursprüngliche Gewißheit haben, 2) anderes gewiß machen können. Einl. § 12. 13. Dabei sind immer Prinzipien der Erkenntnis gemeint, d. h. also hier das, was soeben dem Zweifel gegenüber als Faktum, als Gegebenes festgehalten wurde; die Formen der Erfahrung, d. h. die unauflöslichen, unsere Auffassung bindenden Verknüpfungen der Erscheinungen sind „die wahren und einzigen metaphysischen Prinzipien". Met. II, § 170. Sie sind aber, nach dem vorigen, Erscheinungen, nichts Reales. Die Realprinzipien, d. h. das, was den Erscheinungen zu Grunde liegt, sind nicht gegeben, sondern können nur in unserem Denken als letzte Folgerungen gesucht werden. Demnach: Erkenntnisgründe sind Realfolgen; Realgründe sind Erkenntnisfolgen.

Blicken wir hier auf die normativen Disziplinen zurück, so sind die Prinzipien der ethischen Erkenntnis diejenigen Begriffe, auf welche die Prädikate der ethischen Urteile hinweisen (§ 21); ähnlich in der Ästhetik (§ 14) und Logik (§ 6). Realprinzipien suchen die normativen Wissenschaften in dem oben festgehaltenen Sinne nicht. „Das Ethische als nackte Tatsache betrachten und nach der Möglichkeit seiner psychischen Bildung fragen ist etwas anderes als wissen wollen, in welchen Begriffen das Ethische gefaßt werden müsse . . . Die Realprinzipien des Ethischen zu suchen ist Aufgabe der Psychologie." Strümpell, Vorschule der Ethik § 18. 19. Die „ersten Gründe" der normativen Wissenschaften kommen ja nicht aus der Erfahrung (S. 59).

Ganz anders bei der Metaphysik; deren Aufgabe besteht gerade darin, die Erfahrung begreiflich zu machen. Das Lb. z. Ps. schließt mit dem Satze: „Wie alle echte Metaphysik aus der Erfahrung entspringt, und wie keine

Erfahrung ohne Metaphysik eine echte Erkenntnis gewährt, so vermag hinwiederum die Metaphysik nicht einen einzigen Schritt über die Grenzen hinaus zu tun, an welchen die notwendige Entwickelung der Erfahrungsbegriffe sich endigt." Gesicherte Harmonie zwischen Anschauen und Denken verlangt schon die exakte Naturwissenschaft, damit sie Tatsachen so weit als möglich verknüpfen und beherrschen kann. Darüber hinaus fordert aber die Erfahrung gewisse Voraussetzungen, welche zu ihr als notwendige Ergänzungen gehören, obgleich sie nicht wie manche in der Astronomie im voraus berechnete Tatsachen irgend einmal in die Sinne fallen werden, sondern stets bloß Gegenstände des Denkens bleiben. „Jede Spekulation sucht eine Konstruktion von Begriffen, welche, wenn sie vollständig wäre, das Reale darstellen würde, wie es dem, was ist und erscheint, zum Grunde liegt." Met. II, § 161. 163. Daraus ergeben sich folgende Schritte der Methode:

1) Das Gegebene ist sicher zu stellen, und es sind in demselben die Antriebe zum fortschreitenden Denken nachzuweisen.

2) Diesen Antrieben muß man folgen an der Hand der Frage, wie Gründe und Folgen im Denken zusammenhängen (d. h. also Erkenntnisgründe und Erkenntnisfolgen).

3) Hat man sich dadurch dem Realen genähert, d. h. solche Begriffe gewonnen, die für Erkenntnis gelten können, so kann man nun erst anfangen, aus den Realgründen die Realfolgen oder Erscheinungen zu erklären. „Die ganze Metaphysik beschreibt gleichsam einen Bogen, der von der Oberfläche des Gegebenen in die Tiefe hinabsteigend sich dem Realen erst nähert, dann wieder aus derjenigen Tiefe, die man hatte erreichen können, sich erhebt und beim Gegebenen mit Erklärungen desselben, insofern sie uns möglich sind, endigt."

Das ganze Verfahren nennt Herbart die Methode der Beziehungen. Man vgl. Met. II, § 172—194;

Hauptpunkte, Einl. I; Ps. a. W. I, § 34; Enc. § 184 [204]. (Hartenstein, Metaphysik S. 138—156 benutzt, da Herbarts Beispiele mehr mathematische Kenntnisse voraussetzen, die Beziehungen zwischen Dreiecken und Parallelogrammen zur Verdeutlichung.)

Sobald man versucht, mit Hilfe des Zusammenhanges von Grund und Folge sein Wissen wirklich zu erweitern, bemerkt man, daß der gewöhnliche Begriff dieses Zusammenhanges ein logisches Ungeheuer, ein Widerspruch ist. Die Folge soll liegen in dem Grunde; aber sie soll auch aus ihm folgen, also sich von ihm absondern. Liegt sie nun wirklich in ihm, so hat sie nicht das Wissen erweitert, sondern bloß das aus dem Grunde Gewußte wiederholt; lehrt sie aber etwas Neues, so lag dies nicht im Grunde und heißt mit Unrecht eine Folge aus demselben. Kurz, beide sollen identisch und auch nicht identisch sein, und das verbietet der Satz des Widerspruches.

Nun kann sich aber unsere Erkenntnis wirklich nur erweitern, wenn ein Widerspruch im Grunde dazu treibt, eine Folge hinzuzudenken. Dies tut jedoch kein Widerspruch, der nur aus falscher Auffassung entstanden ist und durch Distinktion verbessert werden kann; auch kein ersonnener Widerspruch wie die im System der Größenbegriffe unentbehrlichen Quadratwurzeln aus negativen Zahlen; treibende Kraft besitzt nur, wie Herbart sagt, ein wahrer Widerspruch, d. h. ein gegebener, von der Erfahrung uns aufgedrängter, also gültiger Begriff, in dem gleichwohl bei hinreichender Verdeutlichung „eins sich als Entgegengesetztes darstellt", die Logik den Satz des Widerspruches geltend machen muß, die Erfahrung aber den gegebenen Begriff nicht fahren lassen kann.

Wer nun etwa fragt, wie sich Dreiecke von gleicher Grundlinie und Höhe dem Flächeninhalte nach verhalten, der ruft andere Gedanken herbei, durch welche die zunächst getrennten Begriffe (die bestimmten Dreiecke und ihre Flächeninhalte) in Beziehung gesetzt werden: a) daß Parallelogramme von gleicher Grundlinie und Höhe gleich sind, b) daß sich jedes Parallelogramm durch eine Diagonale in zwei gleiche Dreiecke teilen läßt, woraus sich dann die Antwort und der Beweis ergibt. In ähnlicher Weise muß man bei einem wahren Widerspruche eines der beiden Glieder desselben als ein Vielfaches denken, damit beide Glieder Teile eines größeren Begriffssystems werden. Das Vielfache des Grundes ist dann in seiner Verbindung das Begründende; die Folge ist insofern identisch mit dem Grunde, als sie einige Teile jenes Systems gesondert darstellt, nicht identisch insofern, als die Verbindung dieser Teile neu ist. „Je zusammengesetzter der Grund ist, desto mehrere Folgen können aus ihm hervorgehen, je nachdem die gegebenen Elemente in neue Beziehungen gebracht werden." (Hartenstein.) Diese notwendige Vervielfältigung wird nun von der Metaphysik in den „sehr wenigen Fällen, auf welche sie paßt", zur Entwickelung von Wahrheiten aus Grundirrtümern benutzt.

§ 29. Inhärenz. — Sein; Wesen.

„Die einfachsten Prinzipien der Metaphysik sind diejenigen Punkte, um welche, als Angelpunkte, das scheinbar Unbegreifliche der Erfahrung sich dreht." Die Reihe derselben läßt sich angeben: Inhärenz, Veränderung, die Materie und das Ich. „Inhärenz mehrerer Merkmale in einem für real gehaltenen Gegenstande, den man eben insofern Substanz nennt, ist das Allgemeinste, was unter nähern Bestimmungen wiederkehrt; nämlich unter Zeitbestimmungen bei der Veränderung, unter Raumbestimmungen bei der Materie, und mit Angabe des Unterschiedes zwischen Objekt und Subjekt beim Ich. Daraus folgt, daß die Metaphysik mit der Inhärenz beginnen muß." Enc. § 157 [175].

Inhärenz (s. Met. II, § 195—223; Hauptpunkte § 1—3) ist die Tatsache, daß die Dinge nur als Verbindungen von Merkmalen gegeben sind, wie oben der Skepsis zugestanden wurde. Die Substanz bleibt uns unbekannt; aber ihr inhäriert die Mehrheit von Merkmalen, die uns erscheint; die Merkmale sind ihre Akzidenzen. Die Skepsis führte schon so weit, daß die Mehrheit der Akzidenzen mit der einen Substanz im genauen Denken nicht vereinbar sei; der Begriff des Dinges mit mehreren Merkmalen ist widersprechend, und doch drängt ihn die Erfahrung uns auf. Nach der dargelegten Methode muß nun die Substanz gedacht werden als ein Vielfaches, das nur eine formale Einheit bildet. Die Vielen sind dann das eigentlich Seiende, die Wesen, die Realen; die Akzidenzen sind die Folgen der Wechselwirkung zwischen den Realen. Die Verbindung der Merkmale ist begründet in bestimmten Verbindungen der Wesen selbst. (Die Formen der Erfahrung sind also nicht wie bei Kant bloß Formen des Erkenntnisvermögens, sie sind nicht subjektiven, sondern objektiven Ursprungs.)

Dem Seienden kommt zu das Sein, d. h. die absolute Setzung. Davon ist zu unterscheiden Dasein oder Wirklichkeit. Die Akzidenzen sind wirklich da; die Dinge sind das Wirkliche; aber das Dasein kommt beiden nur zu durch das absolut Seiende.

Das Was des Seienden, welches unbekannt bleibt, heißt seine Qualität. Dieselbe ist „gänzlich positiv oder affirmativ; ohne Einmischung von Negationen"; denn eine Negation setzen heißt so viel als ein Gesetztes aufheben. „Was das Wesen ist, das ist notwendig eins." Denn so bald man zugesteht, es sei mehrfach, so kommt keinem einzelnen davon die absolute Position zu ohne das andere. Folglich ist die Qualität auch „allen Begriffen der Quantität schlechthin unzugänglich"; denn die Ausdehnung würde die notwendige Einfachheit aufheben; es herrscht „Widerstreit zwischen Kontinuität und Realität". Vgl. § 32.

§ 30. Veränderung. — Kraft; Ursache.

„Welche Dinge sich uns als Substanzen darstellen, dieselben zeigen sich auch veränderlich." Hierzu vgl. Met. II § 224—239; Hauptpunkte § 4—6. Die Veränderung „ist gleichsam gepfropft auf die Inhärenz, zu der sie nur die neuen Gegensätze hinzubringt, welche in der Sukzession liegen. Der Widerspruch, den schon die Vielheit simultaner Merkmale eines Dinges erzeugt, springt noch klarer hervor, wenn das Ding in den Spaltungen der Einheit sich nicht einmal gleich bleibt. . . So hat auch die Veränderung eher als die Inhärenz ein lebhaftes metaphysisches Interesse geweckt."

Sie führt zu folgendem Trilemma (Einl., 4. Abschn. 2. Kap.): Die Veränderung hat eine Ursache oder nicht. Die letztere Annahme führt auf das ursachlose oder absolute Werden, ist also ungereimt. — Die Ursache kann sein eine innere oder eine äußere. Im ersten Falle soll das, was sich verändert, sich selbst zur Veränderung bestimmen; dieses Selbstbestimmen ist aber selbst schon eine Veränderung, die von ihrer Wirkung unterschieden werden muß, und verlangt eine tiefer liegende innere Ursache. Von dieser würde wiederum dasselbe gelten, u. s. f., also die Annahme innerer Ursachen hebt den Widerspruch nicht; die äußerer Ursachen ebenfalls nicht. Der Methode gemäß wird nun zu den erfahrungsmäßig gegebenen qualitativen Veränderungen als „Ergänzung" eine wechselnde Gemeinschaft mehrerer realer Wesen hinzugedacht, bei welchen die eigentliche Qualität der Wesen unverändert bleibt, während deren Zustände auf eine gewisse Weise wechseln und sich nach außen hin als Kräfte der Bewegung geltend machen. Man legt also nicht etwa dem Einfachen an sich Zustände und dem Unveränderlichen an sich einen Wechsel der Zustände bei, sondern die erscheinenden Akzidenzen entstehen eben durch die Gemeinschaft, durch das Zusammen der mehreren Wesen. „Insofern sind die Akzidenzen des einen zuzuschreiben dem andern, als einer Kraft"; es korrespondieren die Erscheinungen mit dem Seienden (S. 80). Was dabei wirklich geschieht, nennt Herbart den Akt der Selbsterhaltung: Das Wesen A erhält sich in seiner Qualität als A, B erhält sich als B, jedes gegen den äußeren Anstoß durch das andere. Damit ist das widersprechende Eingreifen des einen ins andere und ebenso die Veränderung in jedem einfachen Wesen selbst vermieden. „Das Sein liegt in dem Wesen; ihre Tat in der Selbsterhaltung."

Hiermit hat der Widerspruch, der im Begriffe von Grund und Folge liegt (S. 83), seine denknotwendige Lösung gefunden. „Es ist aber der Kausalbegriff nicht gleich bei seiner ersten Erzeugung auch schon vollendet: sondern er wird als ein roher Gedanke . . von den Philosophen vorgefunden, die sich auf allerlei Weise an ihm versuchen. Solange sie nun den Begriff des Eingreifens des Tätigen ins Leidende nicht zu vermeiden wissen: können sie nicht anders, als sich in dem vorgefundenen Gedanken verwickeln." Gesteigert wird die Verwirrung durch Einmischung ästhetischer und idealistischer Vorstellungsarten und sogar kirchlicher Meinungen. Einl. § 109 [130].

Diese beiden Probleme der Inhärenz und der Veränderung bilden in der „Allg. Metaphysik" den II. Abschnitt: Ontologie, die Lehre vom Sein.

§ 31. Materie. — Scheidung; Durchdringung.

Die Lehre von der Materie nennt Herbart Synechologie, die Lehre vom Kontinuum. Vgl. Met. II, § 240—301; Hauptpunkte § 7—9. In der Vorrede zur Encyklopädie erklärt Herbart, Synechologie sei „zu schwer für den encyklopädischen Vortrag"; in den Kapiteln vom Leben und von der Materie seien bloß „die Früchte abgepflückt". Die Schwierigkeit liegt in dem Widerstreit zwischen Kontinuität und Realität (S. 85). „Wenn wir uns Raum, Zeit, oder was beide erfüllt, vorstellen wollen: so begegnet es uns im Gedanken allemal, daß solche Teile, die wir uns als die nächsten neben oder nach einander denken, in einander fallen. Soll ihre Unterscheidung gelingen, so müssen wir etwas dazwischen setzen, das keins von beiden sei. Dieses nun kann wiederum nicht als einfach, als ein bloßer Punkt vorgestellt werden, sonst hätte er das gleiche Schicksal des Zusammenfallens mit seinen Nachbarn wie vorhin." Usw. Beim Anfange des metaphysischen Denkens wird aber die Ansicht, daß das geforderte Kontinuum gegeben sei, vorgefunden. Mit dem Vorurteil, diese „Vorstellungsweise" liege ursprünglich im menschlichen Geiste, befaßt sich ausführlich der I. Teil der Metaphysik; vgl. auch Ps. a. W. II, § 113 und 114 Anm.

Nimmt man die Kontinuität versuchsweise als gegeben an, so führt die logische Analyse sogleich auf den Widerspruch. „Das Fließende soll zusammenhängen, und doch nicht völlig in Eins fallen. Man unterscheidet in ihm ein Hier und Dort; dieser Unterschied bleibt in den kleinsten Teilen, die jemand heraus heben möchte. . . . Es ist Vereinigung in der Scheidung, und Scheidung in der Vereinigung . . . Es ist eine Größe, also eine Zusammenfassung; aber auf die Frage, was und wie vieles zusammengefaßt worden? erfolgt keine Antwort. Es ist eine endliche Größe, wenn man es zwischen bestimmten Grenzen nimmt; aber diese Endlichkeit enthält eine unendliche Fülle. — Jeder kennt diesen Widerspruch, aber jeder scheut sich, ihn beim rechten Namen zu nennen."

Es folgen lange Auseinandersetzungen über den intelligiblen Raum, „welchen die Metaphysik für die Lagenveränderungen intelligibler Wesen konstruiert". Wenden wir uns dann wegen der Früchte an die „Encyklopädie", so hören wir: Räumliche Trennung paßt zu keinem Kausalverhältnis. Was einander in den Störungen und Selbsterhaltungen die inneren Zustände bestimmt, sollte demgemäß nicht räumlich getrennt, sondern völlig in einander, in strengster Durchdringung sein. Dann fiele aber das alles in einen mathematischen Punkt zusammen.

Folglich kann die Materie nicht ins Unendliche fort immer wieder aus Materie bestehen; das letzte sind nicht Moleküle oder Atome, sondern Monaden, die an sich völlig unräumlich sind. Für zwei solcher Monaden gelte die Annahme völliger Durchdringung; aber so bald mehr als zwei im Kausalverhältnis sein sollen, „kann die Kausalität, d. h. die gegenseitige Bestimmung der innern Zustände, sich nicht völlig ausbilden; und daher entsteht die Erscheinung eines unbefriedigten Strebens zur Durchdringung; einer Attraktion, die nicht zu stande kommt, sondern, durch eine Repulsion begrenzt, räumliche Gestaltung zur Folge hat", weil „sich der äußere Zustand, die Lage der Elemente, richtet nach dem inneren Zustande, oder nach den Selbsterhaltungen jedes Elements gegen die, mit welchen es zusammen ist". Enc. § 135; Met. II, § 272.

Über Versuche in der Schule Herbarts, der Lösung des Problems der Materie näher zu kommen (Drobisch, Cornelius), s. Flügel, Probleme 95; Thilo, Gesch. d. Philos. II, 407.

§ 32. Das Ich. — Seele; Objekt.

Der Kinderglaube, daß das, was wir sehen, betasten können, „real" sei, wurde durch die Skepsis zerstört. Damit waren die gegebenen Gegenstände aufgelöst in Materie und Form, d. h. in Empfindungen und in gewisse Arten und Weisen des Zusammenhanges der verschiedenen Empfindungen. Das einzige Reale, das vorläufig übrigblieb, war das Ich, in dem die Empfindungen sind. Wie steht es mit dessen Realität, und welches Licht fällt dadurch auf die nunmehr (§ 29—31) behauptete Realität einer Welt der Dinge? Met. II, § 197.

Von den Widersprüchen überhaupt, durch die unsere Erfahrung problematisch wird, bekennt Herbart, die Ehre der ersten Entdeckung gebühre „den Alten, vorzugsweise den Eleaten und dem Platon; und, was die Widersprüche im Ich anlangt, Fichten". Einl., Vorw. Mit Fichte, also mit Herbarts Lebensgange hängt es zusammen, daß das Problematische im Ich, im Selbstbewußtsein ihm zuerst zum Bewußtsein kam, und diesen geschichtlichen Entwickelungsgang hat er im I. Teile der Ps. a. W. (s. das Vorw.) zur Anordnung der Untersuchung benutzt. Im Lehrbuch zur „Einleitung" dagegen und in der „Allg. Metaphysik" folgt er dem Gange der Geschichte im Großen, und in dieser war das Ich das letzte Problem, das erkannt wurde, denn es ist zusammengesetzter als die andern und fällt, wie sich sogleich zeigen wird, teilweise mit ihnen zusammen. Daher bildet die Eidolologie (von griech. εἶδος Bild, εἴδωλον Trugbild, davon lat. Idol) den 4. Abschnitt der Metaphysik. Vgl. Met. II § 302—330; Hauptpunkte § 10—12; Flügel, Probleme S. 144 ff.

Das Ich, heißt es in Fichtes Wissenschaftslehre, setzt Sich; es setzt ein Nicht-Ich sich entgegen; es setzt beides als gegenseitig durcheinander beschränkt. Die Scheidung in Ich und Nicht-Ich wird, meint Herbart, von jedem Menschen gemacht, und man muß sie „im allgemeinen anerkennen". Im Ich ist also mancherlei beisammen: teils eine zusammengesetzte, nicht streng begrenzte Vorstellung von dem, was zum Ich gerechnet wird; teils noch weit mannigfaltigere Vorstellungen von andern Gegenständen. Das Ich ist folglich eine Komplexion von Merkmalen und fällt unter den logisch höheren Begriff der Inhärenz. In keinem Realen aber kann ursprünglich ein Mehrfaches liegen (S. 85). Als Komplexion ist ferner das Ich der Veränderung unterworfen, nämlich dem unablässigen Kommen und Gehen der Vorstellungen. Man bedarf also der Begriffe der Substanz und der Ursache. „Die Substanz, welche wegen des Ich muß gesetzt werden, heißt nach gemeinem und unverwerflichem Sprachgebrauche die Seele. . . . . . Wie viele Merkmale, so viele Ursachen. Das heißt hier: Die Seele ist nicht ursprünglich eine Reflexionskraft, ein Trieb u. dergl." Vielmehr muß zu der Mannigfaltigkeit des seelischen Geschehens eine hinreichende Menge von andern und wieder andern realen Wesen vorausgesetzt werden, mit denen die Seele in Wechselwirkung gerät. So führt auch die Betrachtung des Ich zum Realismus; „das Ich scharf denken heißt den Idealismus widerlegen". Diese Lehre der Eidolologie ist zugleich „die erste metaphysische Grundlage der gesamten Psychologie".

Dem Obigen gemäß muß man nun weiter sagen: „Wenn die Seele mit andern und andern Wesen (mittelbar oder unmittelbar) zusammenkommt: so müssen in ihr Selbsterhaltungen vorgehen; diese sind für sich selbst ein bloß inneres Tun; denn von den zugehörigen Selbsterhaltungen der andern Wesen fällt nichts in sie hinein, und sie kann unmittelbar davon nicht das Mindeste merken." Die in der Seele vorgehenden Selbsterhaltungen heißen Vorstellungen (oder auch Empfindungen, § 35). Damit haben wir „schon beinahe die ganze metaphysische Grundlage der Psychologie."

Bevor wir zu dieser übergehen, noch eine letzte Frage. Die Metaphysik soll Erkenntnislehre sein, sie soll unsere Erkenntnis einer objektiven Welt reinigen und ergänzen. Was aber soll an dieser „Welt" erkannt werden; nachdem doch dem Idealismus zugestanden wurde, das Reale selbst, das Was oder die Qualität desselben sei unserem Erkennen schlechthin unzugänglich? Darauf gibt das Schlußkapitel der Allg. Metaphysik: „Von der Möglichkeit des Wissens" die Antwort, die wir schon oben (S. 80) als zu erwartendes Ergebnis hingestellt haben:

„Die gegebenen Empfindungen sind Selbsterhaltungen der Seele; das Empfundene ist nur der Ausdruck der inneren Qualität der letzteren" [das ist die subjektive Seite des Erkennens]; „aber die Ordnung und Folge der Empfindungen verrät das Zusammen und Nicht-Zusammen der Dinge." Met. II, § 302. „Unser Gewußtes . . bildet Verhältnisse ab, ohne die Verhältnis-Glieder einzeln zu kennen; weil es von solchem Gegebenen ausgeht, worin nicht die Beschaffenheit der Dinge, sondern nur ihr Zusammen und Nicht-Zusammen sich abbildet." ebd. § 328.

Hiermit sind zur Erklärung der gesamten Erfahrung die Grundlehren gegeben, und es gilt nun, dieselben auf die besonderen Gebiete der inneren und der äußeren Erfahrung anzuwenden.

2. Angewandte Metaphysik.

a) Psychologie.

§ 33. Die innere Erfahrung als Grundlage.

Wollte man den Weg zur Psychologie, den die Lehre vom Ich gezeigt hat, sofort verfolgen, so würde man bei dem Realprinzip anfangen und daraus die Erscheinungen hervorgehen lassen S. 81). Solche Untersuchungen, die „mit dem Laufe der Ereignisse fortschreiten", nennt Herbart „dem gewöhnlichen Sprachgebrauch gemäß" synthetisch, dagegen die andern, welche die noch nicht erklärten Phänomene auf jene Realprinzipien zurückzuführen suchen, analytisch. „Strenggenommen freilich beginnt jede Untersuchung ohne Ausnahme mit einer Analysis, indem sie zuerst den Erkenntnisgrund logisch klar und deutlich macht." Ps. a. W. I, § 23. Das ist der abwärtsgehende Teil des Bogens, den die Methode beschreibt (S. 82), und damit muß jeder Lernende den Anfang machen. Deshalb bedauert Herbart 1816 im Vorwort des „Lehrbuches zur Psychologie", daß man damals den Unterricht in empirischer Psychologie von den Gymnasien verwiesen habe. Den Studierenden rät er, sich alsbald durch Privatstudium in den „Vorhöfen der Psychologie" heimisch zu machen, und empfiehlt dazu Kants Anthropologie, Hoffbauers

Erfahrungsseelenlehre u. a. Darauf muß man besonders hinweisen, weil man oft behauptet, Herbart sei Rationalist und gebe als solcher der Erfahrung nicht ihr Recht (S. 8). Tatsächlich ist ihm die empirische Psychologie die erste Stufe seelischer Erkenntnis, die als solche nicht fehlen darf; darauf wird eine mittlere Stufe zu charakterisieren sein, und dann erst kommt die auf der allgemeinen Metaphysik ruhende „spekulative Psychologie", auf welche die Lehre vom Ich hinführte. Daß Herbart einen durchdringenden Blick für die innere Erfahrung besaß, haben selbst seine Gegner vielfach anerkannt, und nicht zuletzt wegen des Reichtums an feinen psychologischen Beobachtungen, der seine Schriften durchzieht, hat K. Mager geurteilt, daß er „ein Mann von eminentem bon sens" war. Magers Pädagogische Revue X, 1845, 1. Hälfte S. 11. Auf Grund der Ansichten Herbarts bearbeitete zuerst Drobisch 1842 eine „Empirische Psychologie" (2. Aufl. 1898). Diese wollte sich ausdrücklich auf das beschränken, was dem „gemeinen Bewußtsein" angehört, und M. Heinze (Gedächtnisrede auf Drobisch, Leipz. 1897, S. 16) rühmt daran die Fülle des Materials und die Besonnenheit in dessen Anwendung.

Die vielen späteren Bearbeitungen entsprechen dem Beiwort „empirisch" in sehr verschiedenem Grade. Das Vorbild für solche Bücher müßte der richtige Unterricht in der philosophischen Propädeutik (§ 45) darbieten; aber selbst Rob. Zimmermanns Philos. Propädeutik, 3. Aufl. Wien 1867, enthält dafür erst die systematische Vorarbeit. Von neueren Bearbeitungen, die sich hüten, den Tatsachen sogleich den metaphysischen Begriff der bloß aktuellen Seele unterzuschieben, nennen wir Elsenhans, s. S. 12.

In treffendster Kürze spricht Herbart über die innere Erfahrung in den handschriftlichen Bemerkungen zum Lehrbuch z. Ps., K 4, 614; H 7, 608. „Reine Empirie ist Erfahrung ohne Vermischung mit dem Hinzugedachten. Sie ist immer das erste, wonach jede Erfahrungswissenschaft streben muß. Erst muß man wissen, was geschehen ist, dann kann man darüber nachdenken." Die „erste Bedingung des psychologischen Studiums" ist Selbstbeobachtung. Damit aber diese auch genug vorfinde, ist es nötig, daß man das innere Leben der Phantasie, die Anstrengung des Denkens, die Gewalt der Leidenschaften, die edleren Gefühle des Wohlwollens und der Freundschaft u. s. f. „innerlich erfuhr“ und sich die Erfahrung „merkte“; ferner daß das, was man unter gewöhnlichen Verhältnissen erleben kann, durch geeignete „poetische, historische, moralische Darstellungen“ verstärkt und bereichert worden sei. „Selbstbeobachtung so *fein* als möglich, Naturkenntnis und Geschichte so *reich* als möglich.“ Dieses Arbeiten an der inneren Erfahrung wird durch besondere Unterweisung in der empirischen Psychologie „unterstützt; besonders dann, wenn der Zuhörer nicht bloß *lernen* will, — sich verlassend auf den Lehrer, — sondern wenn er sich selbst bemüht, *seine* innere Erfahrung zusammenzufassen. . . . Dem Zuhörer schon der empirischen Psychologie wird zugemutet, daß er das Nächste und das Entfernteste verbinde. . . Auch bei den abstraktesten Begriffen soll er sich auf solche Weise das Einzelne als Beleg vergegenwärtigen.“

Auf solche Art, auch ohne absichtliche Unterweisung, erlangt jeder ein gewisses Maß von Menschenkenntnis, „die Politiker und die sog. Menschenkenner am meisten“, Lb. z. Ps. § 4; auch auf die „klugen Frauen“ wird oft hingewiesen. Sobald es freilich gilt, über individuellen und partialen Eigennutz hinaus etwas zu vollbringen, wird der beobachtende Menschenfreund nur zu viel falsche und unzureichende Anstrengungen bemerken und fragen, ob denn nicht die *Wissenschaft* die Menschenkenntnis zu erweitern vermöge. Herbart sah sich aber vorher noch vor die Aufgabe gestellt, etwas zur Erfahrung unbewußt Hinzugedachtes, „das Blendwerk, das heutzutage Psychologie heißt“ (K 3, 293; H 11, 380), fortzuschaffen und damit freilich auch auf das Ungenügende der bloßen innern Erfahrung hinzuweisen.

§ 34. Die Seelenvermögen als vermeintliche Kräfte.

Sämtliche psychologische Erfahrungen sind „die Andeutungen eines Geschehens“, und das Geschehene als eine gegebene Form der Erfahrung führt den Denkenden auf den Begriff der Kraft (§ 30). Die Psychologie, die Herbart vorfand, sah diese Kräfte, also die Ursachen des seelischen Geschehens in den sog. Seelenvermögen des Vorstellens, Fühlens, Begehrens — der Sinnlichkeit, des Gedächtnisses, der Erinnerung, der Phantasie, der Urteilskraft u. s. f. Herbart benutzte nun diese Lehre im I. Teile seines Lehrbuches z. Ps. als eine zu prüfende Hypothese und suchte nach und nach zu zeigen, daß sie der Erfahrung nicht gerecht werde.

Der nächste Fehler liegt darin, daß sie die eigentliche, individuell-konkrete Erfahrung alsbald verläßt und den Abstraktionen verfällt. Ausführlich wird das erörtert Ps. a. W. I, § 10, auch Lb. z. Ps. § 3. Die Naturgeschichte kann von den Gegenständen, die sie geordnet aufstellt, einzelne Exemplare vorzeigen; von der Kenntnis der Individuen aus steigt sie mit festen Schritten zu Arten und Gattungen auf, setzt Merkmale in der Abstraktion bei Seite, in der Determination wieder zu. Dieses pünktliche Verfahren „verleitet niemanden, die höchsten Begriffe für real zu halten"; sie erscheinen immer als bloße Hilfsmittel des Denkens zum bequemen Überschauen. (Met. II, § 329 nennt sie Herbart Abbreviaturen.) In der Psychologie hingegen läßt sich der Stoff nicht so vor Augen legen und einer regelmäßigen Abstraktion unterwerfen. Die Selbstbeobachtung verstümmelt leicht die Tatsachen schon bei der ersten Auffassung, sie bemerkt nur die hervorragendsten Punkte, reißt sie aus ihren natürlichen Verbindungen, ordnet sie, so gut es gehen will, den bekannten Gattungsbegriffen, dem Vorstellen, Fühlen und Begehren usw. unter und betrachtet diese Begriffe als Vermögen. Das ist aber von dem, was eine echt empirische Wissenschaft tut, das gerade Gegenteil; denn damit erklärt man wirkliche Vorgänge aus unwissenschaftlichen Abstraktionen, man macht bloße Gedankendinge zu Realgründen.

Das Ungenügende dieser Ansicht zeigt sich am ehesten, wenn man nach dem Kausalverhältnis der Seelenvermögen fragt, also darnach, wie sie eins ins andere eingreifen und sich gegenseitig zur Wirksamkeit veranlassen. Solche Fragen lassen sich, weil unserer Auffassung viele Mittelglieder fehlen, nicht befriedigend beantworten, sondern „die Seelenvermögen scheinen in einem wahren bellum omnium contra omnes begriffen zu sein“: Die Einbildungskraft erschafft Phantome, die Sinne verscheuchen sie manchmal, lassen sich aber auch mitunter so betören, daß Gespenster mit Augen gesehen werden. So geht es weiter im ganzen Gebiete des Intellekts bis zur Vernunft hinauf. „Bei diesen Streitigkeiten bleiben Gefühl und Begehrungsvermögen nicht müßig. Die letzte Entscheidung über Wahrheit und Irrtum behauptet am Ende das Gefühl; insbesondere spricht es bald für, bald wider den Verstand; der doch seinerseits gegen die Einmischungen des Gefühls in seine Untersuchungen sich nachdrücklich verwahrt.“ So müßte man eigentlich jedem der beiden auch einen eigenen Willen und überhaupt jedem einzelnen Vermögen die anderen als Eigenschaften beilegen und es dadurch zu einem selbständigen Wesen erheben, ganz so wie es auf ihrem Gebiete die Mythologie tut. „Unser eigenes Ich ist der Kampfplatz für alle diese Streitigkeiten! Ja es ist selbst die Gesamtheit aller streitenden Parteien!“

Wer nun dies alles nicht im Ernste glauben will, der wird mit Herbart aus solchen Überlegungen folgern, „daß die Psychologie einer a n d e r n G r u n d l e h r e bedarf“. Doch betrachtet Herbart die alte Ansicht auch fernerhin als den ersten natürlichen Erfolg des Bestrebens, das geistige Leben des Menschen aufzufassen, und gebraucht mitunter noch die alte Terminologie, wie ja im Sprachgebrauch auch die Ptolemäische Weltansicht noch fortlebt. K 3, 116; 6, 336; H 7, 24; 6, 460. Noch 1833 verteidigt er es, daß der Schriftsteller Kant die Seelenlehre der Wolffschen Schule seinem kritischen Geschäft zugrunde gelegt hatte. „Sollte ich angeben, welchen anderen, eben so sichern und bequemen Weg er hätte gehen können, um sich . . seinen Zeitgenossen deutlich zu machen, so müßte ich verstummen . . Hätte er sich in den Hauptpunkten der Psychologie von seinem Zeitalter entfernt, so wäre er vielleicht von niemandem verstanden worden. Meine eigne Erfahrung, die ich schon bei Gelegenheit meiner Pädagogik machte, bestätigt das aufs entschiedenste. Erst Fichtes Untersuchungen . . . . haben in Anschauung der sog. Seelenkräfte einen kritischen Blick vorbereitet.“ K 10, 33; H 12, 159. Der Fichtesche Scharfblick sah nämlich durch das Netz der getrennten Vermögen hindurch, daß alles seelische Geschehen zusammenhänge.

§ 35. Die hypothetische Grundlehre.

Die „andere Grundlehre“ hat Herbart zuerst bekannt gemacht in den Hauptpunkten der Metaphysik, ohne strenge Rücksicht auf Metaphysik aber im II. Teil des Lehrbuches z. Ps.: Erklärung der psychischen Erscheinungen, abgeleitet aus der Hypothese von den Vorstellungen als Kräften. In akademischen Vorträgen sei es, meint Herbart, oft nicht möglich, Psychologie als spekulative Wissenschaft zu lehren; „allein die Resultate derselben gehören zu dem Wichtigsten, was gelehrt und gelernt werden kann; denn die Ansicht, die jemand vom menschlichen Geiste faßt, ist für sein ganzes Leben entscheidend für sein Denken und Handeln“. Lb. z. Ps. § 6 [7]. Der Vortrag als Hypothese soll also denen einen Dienst leisten, „die man mit Metaphysik nicht behelligen darf oder will“. Ps. a. W. I, Vorw.

Die neue Hypothese meidet für den Anfang jede Allgemeinheit und betrachtet als Erkenntnisprinzipien das ganz und gar Besondere, nämlich die einzelnen zeitlichen Momente im Leben des Einzelmenschen. „Es gibt keine allgemeinen Tatsachen; die echten psychologischen Fakta liegen in den augenblicklichen Zuständen der Individuen; und unermeßlich weit entfernt von der Höhe des allgemeinen Begriffs: Mensch." Lb. z. Ps. § 11 [54]; vgl. Einl. § 127 [150]. Ferner nimmt diese Hypothese statt der starren Formen getrennter Klassen, Ordnungen usw., weil sie den Tatsachen selbst fremd sind, ein ununterbrochenes Fließen, einen steten Zusammenhang der geistigen Zustände, ein verwickeltes Geflecht der Vorstellungen, Begehrungen und Gefühle an; denn nichts anderes beobachten wir in Wirklichkeit. Jede Vorstellung kann in die Zustände des Fühlens, der ästhetischen Beurteilung, des Begehrens, der Phantasie usw. geraten. Hierdurch wird man sich „der Frage nach dem Kausalverhältnisse der Seelenvermögen, nach ihrem Einflusse aufeinander im voraus überhoben finden, indem jene aus der Erfahrung bekannte rasche und beständige Abwechselung des Vorstellens, Fühlens und Begehrens mit allen dazu gehörigen Modifikationen, wobei keins dieser drei die andern ganz verdrängt, vielmehr jedes fast immer zugleich auch die übrigen beiden in sich schließt, so daß eigentlich nur das Übergewicht unter ihnen wechselt, — sich uns von selbst als der einzig natürliche und notwendige Verlauf der geistigen Ereignisse wird zu erkennen geben". Ps. a. W. II, § 103; vgl. K 3, 227; 4, 223; H 9, 6; 1, 355.

Das ist seitdem zu ziemlich allgemeiner Anerkennung gelangt; z. B. bei Wundt: „In Wahrheit handelt es sich bei den Zuständen, die wir als Vorstellung, Gefühl und Willen bezeichnen, nicht um tatsächlich verschiedene Formen des Geschehens, sondern um zusammenhängende Prozesse, die wir nur, je nachdem an ihnen die eine oder die andere Seite dem Bewußtsein sich aufdrängt, mit verschiedenen Namen belegen."*) Ähnlich Elsenhans a. a. O. § 8. 29.

Von diesem allgemeinen Zusammenhange aus muß man Herbarts Gebrauch des Wortes Vorstellung verstehen.

*) Weiteres s. F. Franke, Zu Herbarts Lehre vom Gefühl, im 36. Jahrbuch des Vereins für wiss. Päd. 1904, S. 265.

Erstens meint Herbart mit Reinhold, Fichte u. a. Zeitgenossen: „Vorstellen überhaupt ist ein höherer Gattungsbegriff als Erkennen und Begehren", K 13, 57; H 12, 593; im Umriß päd. Vorles. § 31 bemerkt er ausdrücklich, „daß bei den Vorstellungsmassen nicht bloß an das Vorgestellte, sondern auch an Gemütszustände zu denken ist". Auch Elsenhans weist darauf hin, daß Vorstellen oft geistiges Geschehen überhaupt bedeute; a. a. O. § 10. Zweitens versteht er wie gewöhnlich unter Vorstellungen solche i. e. S., die ein Bild von einem wirklichen oder scheinbaren oder erdichteten Gegenstande sind. Ps. a. W. I, § 100; Met. II, § 320. Nach diesem gewöhnlichen Gebrauch bezeichnet es Herbart als einen Irrtum, wenn wir „u r s p r ü n g l i c h vorstellende Wesen zu sein glauben"; denn Vorstellungen in diesem Sinne sind erst ein spätes Erzeugnis. Ps. a. W. II, § 152. Drittens gebraucht aber Herbart das Wort auch für sog. einfache Vorstellungen. „Eigentlich besteht jede menschliche Vorstellung (i. e. S.) aus unendlich vielen, unendlich kleinen und dabei unter einander ungleichen elementarischen Auffassungen, die in verschiedenen Zeitteilchen während der Dauer der Wahrnehmung nach und nach erzeugt wurden", z. B. die momentane Auffassung von rot, blau, sauer, süß. Lb. z. Ps. § 160, 124 (46, 10). „Diese einfachen Vorstellungen, — die man E m p f i n d u n g e n nennt, wenn man auf den ersten Augenblick ihres Entstehens hinweisen will, — haben kein Vorgestelltes außer sich selbst, mit dessen Qualität sie zusammenstimmen könnten oder auch nicht. Es sind innere Zustände der Seele, die man nur uneigentlich Vorstellungen nennt, da sie kein Bild eines Gegenstandes geben." Ps. a. W. II, Einl. A. Herbart weist ausdrücklich darauf hin, daß für das b l e i b e n d e E r g e b n i s dieser einfachen Empfindungen das treffende Wort fehlt und „nur aus Not" der Ausdruck Vorstellungen gewählt sei. Empfindungen durften sie in den psychologischen Rechnungen (Ps. a. W. I) nicht heißen, weil dort nur von den bleibenden Produkten die Rede sein und die Frage nach dem Entstehen ganz vermieden werden sollte. Met. I, § 156; Enc. § 128. Wundt weist ähnlich wie Herbart auf die Lücke in der Sprache hin, Philos. Studien II, 300, wählt aber selbst den Ausdruck Empfindung und muß nun diesen, der eigentlich auf das bleibende Erzeugnis nicht paßt, in doppeltem Sinne gebrauchen. Übereinkommen Empfindung und Vorstellung darin, daß beide die M i t w i r k u n g e i n e r A u ß e n w e l t v o r a u s s e t z e n; das Weitere sind rein psychische E n t w i c k e l u n g e n, so weit nicht die Außenwelt wieder eingreift — nämlich mit Empfindungen.

Vorstellungen also, so faßt Herbart diese Gedanken zusammen, „werden aus Empfindungen. Was aus mehreren Empfindungen eines Wesens weiter werde, das hängt von dem Verhältnis der Empfindungen unter einander ab. Gefühle und Begierden sind frühere Produkte aus mehreren Empfindungen, — frühere als Vorstellungen. Vorstellungen, nämlich Bilder, Objekte, kommen erst insofern zum Vorschein, als die Verbindung der Empfindungen bestimmte Formen annimmt." K 8, 419; H 13, 44. Die zahllosen Empfindungen, welche dem Menschen von der Geburt an und schon vorher durch den Lauf der Lebensverrichtungen entstehen, bringen als erstes Produkt das sog. Gemeingefühl hervor. Dasselbe bildet auch für das ganze fernere geistige Leben den Hinter- oder vielleicht besser Untergrund. In ihm wurzelt das Individuelle, das Vererbte, das Unberechenbare, wenn es auch „den beschäftigten und gesunden Mann nur selten so stark anwandelt, daß es sich über der Schwelle des Bewußtseins halten könnte, während es freilich den Hypochondristen (und vielleicht nicht viel minder den sanguinischen Lüstling) unaufhörlich necken mag". Ps. a. W. § 105. — Mit Rücksicht darauf, daß man die Psychologie Herbarts vielfach für einseitigen Intellektualismus hält, weil er „Vorstellungen" als das Ursprüngliche im Seelenleben ansieht, ist Vorstehendes ausführlich erörtert von O. Flügel in zwei Abhandlungen über voluntaristische und intellektualistische Psychologie, Jahrb. des Vereins für wissen. Päd. 31 u. 38, ferner in dem Vortrag: Das Verhältnis des Gefühls zum Intellekt in der Kindheit des Individuums und der Völker, 1905.

Verfolgen wir nun die Hypothese weiter (man vgl. im Lb. z. Ps. den Abschnitt, der in der 2. Aufl. geradezu als Grundlehre bezeichnet ist), so sagt sie nicht, daß Vorstellungen ohne weiteres, für sich allein schon Kräfte seien (das würde der falsche Begriff der Kraft sein, § 30), sondern zunächst nur, daß sie, als Ergebnis der einfachen Empfindungen, beharren. Das entspricht ja auch im allgemeinen der Tatsache der Erinnerung, aber nun hat Herbart zu erklären, wie sie aus dem Bewußtsein verschwinden oder vergessen werden können. Dazu braucht man die weitere Annahme, daß die beharrenden Zustände streben, sich zu vereinigen. Sie würden alle nur einen Akt ausmachen, wenn nicht Hindernisse da wären. Ganz gleiche Vorstellungen fließen wirklich in einen Akt zusammen. Aber entgegengesetzte Vorstellungen, z. B. zwei verschiedene Töne, zwei verschiedene Farben, widerstehen einander, d. h. da keine Vorstellung die andere vernichten kann, so muß der Aktus, das Vorstellen beider so lange an Klarheit oder Intensität nachgeben, bis beide Vorstellungen nebeneinander bestehen können. (Einen Vergleich bietet das ungleich deutliche Sehen je nach der Netzhautstelle, auf welche das Bild fällt.) Diese gegenseitige, gradweise sehr verschiedene Verdunkelung nennt Herbart Hemmung; nicht gehemmt sind die Reste der Vorstellungen. Das gehemmte Vorstellen dauert, da zur Hemmung immerfort ein Widerstand nötig ist, fort, aber nur als Streben zum vollen Bewußtsein, und so werden Vorstellungen zu Kräften. Ps. a. W. I, § 40*).

Das von der Hemmung betroffene Maß des Vorstellens ist zusammen die Hemmungssumme, beide Maße verglichen ergeben das Hemmungsverhältnis. „Die Summe sowohl als das Verhältnis der Hemmung hängt ab von der Stärke jeder einzelnen Vorstellung, — sie leidet die Hemmung im umgekehrten Verhältnis ihrer Stärke, — und von dem Grade des Gegensatzes unter je zweien Vorstellungen, denn mit ihm steht ihre Wirkung aufeinander im geraden Verhältnis."

Bis zu völliger Hemmung verfließt eine schon nach der Erfahrung merkbare Zeit, und in derselben muß die Hemmungssumme beständig sinken. Denn vor der Vollendung liegt ein Kontinuum von Mittelzuständen, und bei jedem derselben ist die Notwendigkeit des ferneren Sinkens geringer, die Vorstellungen werden also weniger lebhaft aus dem Bewußtsein entweichen. Demnach muß die Hemmungssumme mit abnehmender Geschwindigkeit sinken, so daß „in gar keiner Zeit die Hemmung schlechthin gänzlich vollbracht, . .

*) Vgl. die Diss. von G. Reinicke: Herbarts Theorie der Hemmungen und ihre Verwertung für den Unterricht. 1907. Borna, Noske.

das Gemüt sehr bald beinahe, aber nimmermehr völlig in Ruhe ist". Ps. a. W. I, § 74. Dies ist der Grund, warum der inneren Wahrnehmung niemals ein Gegenstand ganz still steht (S. 98); ein weiterer Grund ist, daß die äußeren Wahrnehmungen wechseln, wozu auch die Vitalempfindungen gehören, Lb. z. Ps. § 87 [129], und daß dann durch Reproduktion ältere Vorstellungen in Bewegung gesetzt werden, s. unten. Die Lehre von dem wenigstens relativen Gleichgewicht der inneren Zustände nennt Herbart Statik des Geistes, die Lehre von den Bewegungen derselben Mechanik des Geistes. Die strenge Gesetzmäßigkeit der inneren Bewegungen, die mit letzterem Ausdrucke behauptet werden soll — die Mechanik könnte mit gleichem Rechte Dynamik heißen —, tritt freilich erst genügend hervor, wenn man den statischen und mechanischen Rechnungen wenigstens einigermaßen nachgeht, wie sie Herbart namentlich im I. Teile der Ps. a. W. anstellt. Beispiele lassen sich hier freilich nicht ausführen, aber das angeführte Gesetz über das Sinken der Hemmungssumme ist bloß der wörtliche Ausdruck von Formeln, die a. a. O. entwickelt sind. Eine andere Rechnung ergibt „das merkwürdige Resultat: daß zwar unter zweien Vorstellungen eine die andere niemals ganz verdunkelt, wohl aber unter dreien oder mehreren sehr leicht eine ganz verdrängt und ungeachtet ihres fortdauernden Strebens so unwirksam gemacht werden kann, als ob sie gar nicht vorhanden wäre. Ja dies kann einer wie immer großen Anzahl von Vorstellungen begegnen, und zwar durch zwei, oder überhaupt durch wenige stärkere." Hiermit wird nicht nur die Macht sog. fixer Ideen und einzelner Leidenschaften erklärt, sondern das Vergessen überhaupt; der kurze Satz in Herbarts Entwickelung, „der sich mit der höchsten mathematischen Evidenz ergibt, bietet uns den Aufschluß über das allgemeinste aller psychologischen Wunder. Wir alle bemerken an uns, daß von unserm sämtlichen Wissen, Denken, Wünschen in jedem einzelnen

Augenblicke" nur eine sehr kleine Menge uns wirklich beschäftigt. „Was kann unsere lebhaftesten Überzeugungen, unsre besten Vorsätze, unsre ausgebildeten Gefühle manchmal auf lange Zeiten verhindern wirksam zu werden; was kann ihnen die unglückliche Trägheit beibringen, durch die sie uns der vergeblichen Reue so oft preisgeben? — Andre Gedanken haben uns zu lebhaft beschäftigt! Dies wissen wir schon aus der Erfahrung." Ps. a. W. I, § 47. Locke sprach deshalb von der Enge des Bewußtseins; Herbart vergleicht das Bewußtsein mit einem Auge, das eine äußerst enge Pupille, dabei aber die äußerste Beweglichkeit besitzt; denn die kleine Zahl der gegenwärtigen Vorstellungen „ist oft im schnellsten Kommen und Gehen begriffen, und dadurch wird es dem geistvollen Menschen möglich, seine Vorstellungen in die mannigfaltigste Berührung zu bringen und sie durcheinander zu bestimmen". Lb. z. Ps. § 85 [127].

Wenn eine Vorstellung „beim geringsten Nachgeben des Hindernisses sogleich anfangen würde, in wirkliches Vorstellen überzugehen", so befindet sie sich auf der statischen Schwelle des Bewußtseins. Wird eine von mehreren älteren Vorstellungen, die dem Gleichgewicht nahe waren, durch eine neue schwächere, etwa durch eine neue Wahrnehmung, eine Zeit lang aus dem Bewußtsein verdrängt, so arbeitet sie gegen jene und erzeugt Gefühle der Beklemmung; Herbart sagt dann, sie befinde sich auf der mechanischen Schwelle. Beispiele finden sich da, wo man jemanden unter seltenen Umständen für kurze Zeit zu etwas bewegen zu können glaubt. „Wirkten die Vorstellungen auf der statischen Schwelle ebenso wie auf der mechanischen, so würden wir uns unaufhörlich in dem Zustande der unerträglichsten Beklemmung befinden; oder vielmehr der menschliche Leib würde in eine Spannung geraten, die in wenigen Augenblicken töten müßte, wie schon jetzt der Schreck zuweilen tödlich wird. Denn alle die Vorstellungen, welche, wie wir zu sagen pflegen, das Gedächtnis aufbewahrt, und von denen wir wohl wissen, daß sie sich bei der leichtesten Veranlassung reproduzieren können, sind im unaufhörlichen Aufstreben begriffen; jedoch leidet der Zustand des Bewußtseins von ihnen gar nichts."

Der Zusammenhang oder die Assoziation aller geistigen Zustände, die nicht in einen Akt zusammenfließen, ist von zweierlei Art: die entgegengesetzten verschmelzen, so weit sie keine Hemmung erleiden; die nicht-entgegengesetzten, wie Ton und Farbe, komplizieren sich, so weit sie ungehemmt zusammentreffen. Was von mehreren Vorstellungen kompliziert oder verschmolzen ist, das ergibt eine Totalkraft und wirkt deshalb nach anderen statischen und mechanischen Gesetzen, als wonach die einzelnen Vorstellungen sich würden gerichtet haben, die Rechnungen werden „weit verwickelter", und bei vielgliedrigen Verbindungen „kann keine Rechnung nachkommen. Nichtsdestoweniger lassen sich die einfachsten Fälle herausheben und die verwickelten darnach schätzen; und die einfachsten Gesetze sind für jede Wissenschaft die wichtigsten." Hierbei ergeben sich die Gesetze der Reihenbildung und der mittelbaren und unmittelbaren Reproduktion, die Herbart schon in der Einl. § 135 [158] für die „wichtigsten Untersuchungen" erklärt. Bei den Formeln kommt es „nicht darauf an, einzelne Zahlen zu berechnen oder gar die Gemütszustände eines Individuums mathematisch zu bestimmen, welches niemals möglich ist, vielmehr zu den lächerlichen Mißdeutungen gehört; sondern man erkennt in den mathematischen Formeln die allgemeinen Gesetze der psychologischen Erscheinungen". Eins der daselbst ausgeführten Beispiele betrifft „das Wichtigste in der ganzen Mechanik des Geistes", nämlich das Gesetz, nach welchem eine von der Hemmung befreite, also freisteigende Vorstellung, „indem sie selbst ins Bewußtsein zurückkehrt, zugleich eine oder viele mit sich hervorzuheben strebt, die mit ihr enger oder loser verbunden sind".

Nach der mathematischen Entwickelung kann es heißen, hierauf beruhe der Mechanismus des sog. Gedächtnisses, es entstünden daraus die räumlichen und zeitlichen Formen unseres Vorstellens, ferner eine ganze Klasse von Gefühlen, endlich die Verstärkung des Begehrens bei eintretenden Hindernissen.

So führt die Mechanik der Vorstellungen von selbst immer hinüber auf das Gebiet der noch zusammengesetzteren seelischen Zustände, der Gefühle und Begehrungen. Wir nehmen nur noch ein Beispiel, das dem vorigen verwandt ist. Eine Vorstellung trete hervor durch eigene Kraft, z. B. dadurch, daß eine neue Wahrnehmung die ältere Vorstellung eines hinreichend ähnlichen Gegenstandes wieder hervortreten läßt, d. h. alles derselben entgegenstehende zurückdrängt; zugleich werde die Vorstellung durch mehrere Hilfen hervorgerufen. Die Bewegung des Hervortretens geschieht nach den Formeln für die mittelbare Reproduktion „nur mit derjenigen Geschwindigkeit, welche unter den mehreren zusammentreffenden die größte ist; aber sie geschieht zugleich begünstigt durch alle übrigen. Diese Begünstigung ist eine Bestimmung dessen, was im Bewußtsein vorgeht, aber keineswegs eine Bestimmung irgend eines Vorgestellten; sie kann also nur Gefühl heißen; ohne Zweifel ein Lustgefühl. Hier ist der Sitz der heitern Gemütsstimmung, insbesondere der Freude an gelingender Tätigkeit. Ebendahin gehören mehrfache, von außen angeregte Bewegungen, die einander nicht beschleunigen, aber begünstigen, z. B. Tanz und Musik. Desgleichen das Handeln nach mehreren zusammentreffenden Motiven; ja schon die Einsicht durch mehrere einander bestätigende Gründe."

Die ausführliche Grundlehre findet man im I. Teile der Ps. a. W., neu gegründet auf Erfahrung, Metaphysik und Mathematik. Das Ungewohnte des Gedankens der psychologischen Rechnungen (während im psychophysischen Gebiete das Streben nach mathematischer Exaktheit heute mit Recht hohe Geltung hat) sollte niemanden von diesem Hauptwerke abschrecken; die Arbeit darin bereitet bald hohen Genuß, auch wenn man den mathematischen Partien nicht ganz zu folgen vermag. Herbart sagt selbst, man brauche „weniger die Rechnung selbst, als den allgemeinen Begriff derselben, um wenigstens von dem gröberen Teile der bisher herrschenden Irrtümer sich zu befreien". Ps. a. W. II, Vorw. „Der Leser vergegenwärtige sich die leichteren Rechnungen mit veränderlichen Größen, . . . er wird finden, daß es nicht viel schwerer ist, das Sinken einer Hemmungssumme, als das Fallen eines Steines zu begreifen. Hat er aber erst dies gefaßt, so kann er auch von den Grundlehren der Reproduktionsgesetze, (worauf alles ankommt) das Wesentliche verstehen; und ebenso den Hauptsatz über die Abnahme der Empfänglichkeit. Das Schwerere ist weniger nötig; nicht jeder braucht mir auf allen meinen Wanderungen zu folgen; man kann sich dennoch wieder zusammenfinden." Ps. a. W. I, § 23. — Fortgeführt wurde die mathematische Psychologie besonders durch Drobisch (Erste Grundlinien der mathematischen Psychologie, 1850), durch Wittstein, durch Felsch (Hauptpunkte der Psychologie mit Berücksichtigung der Pädagogik und einiger Verhältnisse des gesellschaftlichen Lebens, 1904; man vgl. auch seine Arbeiten über die Psychologie bei Herbart, Wundt und Ziehen, Zeitschr. f. Philos. u. Päd. 1900—1902).

Wer nun die Grundlehre doch einseitig und unzureichend findet, den müßte man darauf hinweisen, daß die Forschung überhaupt nicht mehr Ursprüngliches annimmt, als unbedingt notwendig ist; ferner müßte man ihn fragen, ob er wirklich vor den einfachen Empfindungen und ihren ursprünglichsten Ergebnissen noch Seeleninhalte kenne. Hier beginnt aber für jede Denkweise die Notwendigkeit metaphysischer Entscheidung.

§ 36. Die metaphysische Grundlehre.

Die dritte Stufe psychologischer Erkenntnis schließt sich nun unmittelbar an die Lehre vom Ich (§ 32). Hier soll die hypothetische Erklärung der Tatsachen selbst wieder eine letzte Erklärung erhalten; die einzelnen Momente des steten Fließens sollen aus Realgründen hervorgehen. Die Wissenschaft muß also die empirische Auffassung ergänzen „durch Nachweisung der Beziehungen, d. h. derjenigen Relationen, vermöge deren eins das andere notwendig voraussetzt... Denn nichts anderes als eben die Erfahrung ist ihr (der Wissenschaft) gegeben; in dieser muß sie die Spuren alles dessen antreffen und erkennen, was hinter dem Vorhange sich regt und wirkt." Ps. a. W. I, § 11.

Bei dieser Erklärung des inneren Geschehens mußte Herbart zweierlei vermeiden: erstens den undenkbaren Begriff des absoluten Werdens, den z. B. Fichtes Ich enthielt, zweitens im Kausalbegriff das Eingreifen des „Tätigen" in das „Leidende" (S. 87)*). Nun heißt es in den „Lehnsätzen aus der Metaphysik", womit das Lb. z. Ps. den erklärenden Teil eröffnet: „Die Seele hat gar keine Anlagen, weder etwas zu empfangen, noch zu produzieren." Wer nun nicht den Begriff eines selbständigen Seelenwesens hat, versteht das wohl dahin, der Mensch habe keine Anlagen. Jedoch der wirkliche Mensch, „wie er aus Leib und Seele geschaffen dasteht", besitzt nach Herbart das alles ganz gewiß; der Satz richtet sich nur dagegen, daß man der Seele für sich allein ursprüngliche Mitgift beilege, die nicht durch Mitwirkung einer Außenwelt entstanden sei; zugleich aber wird festgehalten, die Seele sei keine tabula rasa in dem Sinne, daß darauf fremde Eindrücke sich machen ließen. Dies alles ist nun von selbst klar durch die obige Lehre von den Selbsterhaltungen. Die Einfachheit der Seele fordert aber auch selbst eine unendliche Mannigfaltigkeit solcher Akte, denn diese müssen so verschieden sein wie die Störungen von außen. „Demgemäß hat die Mannigfaltigkeit der Vorstellungen und

*) Von selbst vermieden wurde dabei der Materialismus sowohl als der Spiritualismus. Mit allen diesen Theorien bis zu den neuesten Wandlungen befaßt sich: O. Flügel, Die Seelenfrage mit Rücksicht auf die neueren Wandlungen gewisser naturwissenschaftlicher Begriffe, 3. Aufl. 1902; — Der substantielle und der aktuelle Seelenbegriff, Zeitschrift für Philos. und Päd. 1896 u. 1897. Vgl. auch die Probleme S. 160.

eine unendlich vielfältige Zusammensetzung derselben gar keine Schwierigkeit." Lb. z. Ps. § 113 [155]. Der Leib des Menschen ist wie alle Materie (§ 28) eine Gesamtheit von „einfachen und bildsamen Wesen". Weil nun „den Vorstellungen als Selbsterhaltungen der Seele andere Selbsterhaltungen in anderen Wesen (zunächst in den Elementen des Nervensystems) entsprechen müssen: so wird man es nicht mehr rätselhaft finden, wenn von der Spitze des Fußes bis zum Gehirn und bis in die Seele hinein eine Folge von inneren Zuständen .. sich vorwärts und rückwärts erstreckt." Daher kann die vielfältige Abhängigkeit des Geistes vom Leibe nicht befremden. Im gesunden Menschen scheint „das Nervensystem fast nur zur Dienstbarkeit geschaffen zu sein"; aber „in Krankheit zeigt es sich ungehorsam und eigenwillig, und in manchen Geisteszerrüttungen .. kehrt sich das Verhältnis zwischen den Nerven und der Seele geradezu um".

Einem Zeitalter, das viel Neigung zur Schwärmerei zeigte, war das nüchtern und banal, es enthält aber im Zusammenhang genommen die Grundgedanken der physiologischen Psychologie, freilich bei Herbart verbunden mit der Einschränkung, daß er nicht daran denke, die Psychologie durch die Physiologie verdrängen zu lassen. Darüber s. K 5, 138; H 1, 509. Über physiologischen Druck und physiologische Resonanz und alles dazu Gehörige handelt im Lb. z. Ps. das Kapitel: Rückblicke auf die Verbindung zwischen Seele und Leib, in der Ps. a. W. der Schluß der Einleitung und der letzte Abschnitt: Von den äußeren Verhältnissen des Geistes. Vgl. auch § 38. — Ziehens Schrift: „Das Verhältnis der Herbartschen zur physiologisch-experimentellen Psychologie" wurde ausführlich besprochen von J. Schwertfeger im 33. Jahrb. des Vereins für wiss. Päd., 1901; vgl. ferner F. Willers, Die philosophische Denkweise Herbarts in seiner Schrift: „Briefe über die Anwendung der Psychologie auf die Pädagogik" im Verhältnis zu der modernen physiologischen Psychologie, Progr. d. Oberrealsch. Eisleben 1908, rez. Zeitschr. f. Philos. u. Päd. Juli 1908.

Dieser ganzen Ansicht gemäß ist Herbart „entschiedener Determinist". Welcher Seeleninhalt nach und nach entsteht, das ist nicht allein bestimmt durch die Qualität der Seele, obwohl diese an sich unverändert bleibt, sondern auch durch die anderen realen Wesen, mit denen sie in Wechselwirkung gerät. Läßt sich also auf die Art, Zahl und Folge dieser Wechselwirkungen ein absichtlicher Einfluß ausüben, so wird dadurch auch der entstehende Seeleninhalt bestimmt oder determiniert, und umgekehrt muß man von bestimmten Erfolgen auf entsprechende Ursachen schließen. Das bestätigt auch im allgemeinen die Erfahrung. Oft freilich bleiben die Wirkungen aus, die man mit bestimmten Maßnahmen beabsichtigte, oder es zeigen sich andere, unerwünschte oder wenigstens unbeabsichtigte Wirkungen. Dann sagt aber ein realistisches Denken nicht, daß die Wirkung nicht der Ursache, sondern nur daß die Mittel nicht der Absicht entsprechen. Das ist von fundamentaler Bedeutung für die spätere Verbindung der theoretischen und praktischen Philosophie.

§ 37. Psychologie der Gesellschaft.

Im Wesen der Psychologie Herbarts ist es begründet, daß er die Erscheinungen des gesellschaftlichen Lebens in die psychologische Untersuchung einbezieht. Zunächst rechnet er die Kenntnis dieser Erscheinungen zur notwendigen seelischen Erfahrung. „Der Mensch ist nichts außer der Gesellschaft. Den völlig Einzelnen kennen wir gar nicht; wir wissen nur so viel mit Bestimmtheit, daß die Humanität ihm fehlen würde.“ Damit ist aber zugleich der Zusammenhang mit der Geschichte gegeben. Wenigstens der gebildete Mensch „ist ein Produkt dessen, was wir Weltgeschichte nennen ... Der Einzelne ist nicht vollständig aufgefaßt ohne die Geschichte.“ Aber die Beziehungen gehen nicht bloß in dieser einen Richtung, sondern auch in der umgekehrten, ja es besteht ein wechselseitiges Helfen und Empfangen. „Die Geschichte entsteht rückwärts aus der Zusammenwirkung der Einzelnen; und aus diesem Grunde sollte die Psychologie zuerst das Individuum erklären und erst später zur Geschichte kommen." Allein es „zeigen sich manche psychologische Gesetze wirklich deutlicher in den großen Umrissen der Geschichte als bei dem einzelnen Menschen"; z. B. ist das Gleichgewicht von Europa ein längst bekannter Gegenstand, aber vom Gleichgewicht der Vorstellungen zu reden klingt neu und fremd. „Wir werden daher den einzelnen Menschen nicht bloß vollständiger auffassen, wenn wir ihn als einen Teil des Menschengeschlechts ins Auge nehmen, sondern wir werden ihn auch leichter erkennen, wenn wir zuerst sein vergrößertes Bild im Staate beschauen." Herbart erinnert an Plato, der sich in der Republik mit seiner Untersuchung über das Recht zum Staate wendet „wie zu einer größern und leichter lesbaren Abschrift dessen, was im Orignial für schwache Augen mit allzu kleinen Buchstaben ausgedrückt sei".

Die Einleitung des II. Teiles der Ps. a. W., dem diese Gedanken entnommen sind, bringt daher auch Bruchstücke einer Statik und Mechanik des Staates, weil so die oben angedeuteten Grundlehren „durch eine auffallende Anwendung geläufiger gemacht werden". „Es leuchtet ein, daß das ganze Gewebe des gesellschaftlichen Daseins nicht nur aus den Fäden besteht, welche die Individuen spinnen, sondern daß es auch auf dieselbe Weise zusammenhängen muß, wie die Individuen ihre eigenen Gedanken, Gesinnungen, Entschließungen verknüpfen, denn es wird eben von ihnen verfertigt, und außer ihren Geistern und Gemütern ist es gar nicht vorhanden." Über einige Beziehungen zwischen Psychologie und Staatswissenschaft, K 5, 29; H 9, 204. In dem Ganzen jeder Gesellschaft verhalten sich die einzelnen Personen fast so wie die Vorstellungen in der Seele des Einzelnen; die streitenden Interessen entsprechen dem Gegensatz unter den Vorstellungen, die Neigungen und Bedürfnisse der Anschließung ergeben Komplexionen und Verschmelzungen. Auch im Staate wie in jedem System von Kräften streben diese nach dem Gleichgewichte, erreichen es aber niemals völlig und werden auch aus dem beinahe erreichten leicht wieder gebracht; es gibt Reproduktionen dessen, was entschwunden schien, und „wenn irgendwo der Thron zum Ruhebette wird, so geht es in der Gesellschaft wie in solchen Einzelnen, die keine Aufsicht über sich selbst führen". Denkt man sich diese Betrachtungen vollständig ausgeführt, so ergeben sich eine „politische Grundlehre" der Psychologie.

Ein besonderer Zweig der Psychologie der Gesellschaft hat sich seitdem zu einer eigenen Wissenschaft entwickelt. Den Anfang machte in Herbarts Schule Theod. Waitz mit seiner Anthropologie der Naturvölker, 1859 ff. M. Lazarus und H. Steinthal gaben 1862 die Zeitschrift für Völkerpsychologie und Sprachforschung heraus. Hinsichtlich des Namens Völkerpsychologie wurde erklärt, derselbe sei gewählt, um dem dunkeln Begriffe der Gesellschaft aus dem Wege zu gehen, aber jede Richtung der „Psychologie der Gesamtheit" solle damit zusammengefaßt werden. Vgl. A. Leicht, Lazarus als Begründer der Völkerpsychologie, 1904. Über den von Wundt Philos. Studien 4. Bd. 1888, S. 1 ff. erhobenen Einwand, daß man mit diesen Arbeiten den Seelenbegriff Herbarts als unbrauchbar habe fallen lassen, vgl. Flügel, Zeitschrift für exakte Philos. 17. Band, 1890, S. 158 ff. In der Zeitschrift für Völkerpsychologie ist zuerst erschienen O. Flügel, Das Ich und die sittlichen Ideen im Leben der Völker, 4. Aufl. 1904.

Für das Gebiet der gesamten Psychologie ist das Hauptwerk der Schule Herbarts: W. Volkmann, Lehrbuch der Psychologie vom Standpunkte des Realismus und nach genetischer Methode, 2 Bde., 4. Aufl. von C. S. Cornelius, 1894/95. Die einzelnen Kapitel sind fast in monographischer Art ausgeführt und bieten durch die umfassenden historischen Hinweise bei jedem einzelnen Punkte zugleich ein Muster, wie die Geschichte der Wissenschaft mit dem System zu verknüpfen ist.

b) Philosophische Naturlehre.

§ 38. Innere Bildung der Materie; Leben.

Die Naturphilosophie schließt sich an die Lehre von der Materie und kann wie diese ihrer Schwierigkeit wegen nur kurz berührt werden. Die Allg. Met. schließt mit dem umfangreichen Abschnitt: Umrisse der Naturphilosophie, und dieser mit dem Kapitel: Philosophische Beleuchtung der physiologischen Grundbegriffe. Zur Psychologie steht die Naturphilosophie in einem doppelten Verhältnis.

Das eine Verhältnis besteht darin, daß die Psychologie zu erklären hat, wie wir zu der bloßen Vorstellung des räumlichen Auseinander usw. kommen. Darüber bringt das „Lehrb. zur Psych." das Kapitel „von den Vorstellungen des Räumlichen und Zeitlichen", das größere Werk im II. Teile behandelt den Gegenstand in vertiefter Weise. Herbart verwirft die Kantische Lehre, daß Raum und Zeit apriorische Anschauungsformen seien, und lehrt umgekehrt, wie diese Auffassungen in uns entstehen. Hierbei kommt alles an auf die „Abstufung in der Verbindung der Vorstellungen", wobei „jede Vorstellung allen ihre Plätze anweist". Das weist wieder hinein in die Grundlehre, insbesondere auf die „Reihenformen". So gehen in der Psychologie gewisse Teile den Fragen nach, welche die Naturphilosophie ihr stellt, wie andere Teile die durch die Logik u. s. w. entstehenden psychologischen Fragen zu beantworten suchen.

Das zweite Verhältnis beruht auf einer Analogie. Die Materie ist nach dem Obigen „ganz und gar das Resultat innerer Zustände; und die ganze Naturphilosophie ist Nachweisung des notwendigen Zusammenhangs der innern und äußern Zustände". Um dies auseinanderzusetzen, will Herbart hier nicht reden von den inneren Zuständen der Leibnizischen Monaden, sondern erinnert an die Reizbarkeit und Wirksamkeit der Nerven; also daran, „daß man jeden Nerven als eine Kette empfindender Teile betrachten muß, daß also der Nerv in jedem Punkte lebendig ist, und daß dieses Leben durchaus nicht durch bloß materielle Bestimmungen kann beschrieben werden. Aber nicht bloß den Nerven, sondern auch anderen festen Teilen des Leibes, und .. auch allen flüssigen Teilen jedes lebenden Organismus hat man mit vollkommenem Rechte Vitalität zugeschrieben." Aber wie kommt man darauf, solche innere Zustände auch da anzunehmen, wo keine unmittelbare Erfahrung darauf führt?

„Zur Erklärung des Lebens gehört wesentlich der Begriff der innern Bildung... Man darf, ja man muß hier die Vergleichung mit der Seele verwenden, welche .. nur durch geordnete Reihen von Eindrücken, d. h. von Selbsterhaltungen, zur Bildung gelangt. Die Reizbarkeit des Organismus ist der Totaleffekt aller innern Reizungen der einfachen Elemente, verbunden mit den entsprechenden äußern Zuständen, also mit gewissen Bewegungen und deren Folgen; die innern Reizungen aber können nichts anderes als wiedererweckte Zustände gewisser Selbsterhaltungen sein, ganz analog den wieder erweckten Vorstellungen der Seele." Der große Unterschied ist nur, daß wir die innern Zustände der Seele unmittelbar durchs Bewußtsein kennen, während wir auf die innern Tätigkeiten anderer Wesen bloß schließen müssen. K 4, 224; H 1, 356; zum folgenden vgl. Lb. z. Ps. § 115—119 [157—161]. „Die Psychologie zeigt uns an dem Beispiel der Seele eine ganz vorzügliche innere Bildung eines einfachen Wesens. Nach diesem Typus muß man sich die eines jeden andern, auch unter den nicht vorstellenden Wesen denken und damit die obige Bemerkung verbinden, daß, wo mehrere Wesen zusammen ein materielles Ganzes ausmachen, sich überall der innere Zustand derselben einen ihm angemessenen äußeren, eine räumliche Lage bestimmt ... Hiermit ist zugleich das Verhältnis der Psychologie und Physiologie angegeben", wenn die letztere „nicht bloße Erfahrungswissenschaft sein will... Es gibt keine Realdefinition des Lebens, außer mit Hilfe der Psychologie."

Wenn alle Kraft aus dem Zusammen der Wesen entsteht, braucht man auch nicht die Annahme ursprünglicher Lebenskräfte. „Nur ein System von Selbsterhaltungen in einem und demselben Wesen vermag sie zu erzeugen; und sie sind anzusehen als die innere Bildung der einfachen Wesen. Gewöhnlich entstehen sie in den Elementen organischer Körper, deren Einrichtung zur Hervorrufung der Systeme von Selbsterhaltungen .. geschickt ist." Dies zeigt sich in der Assimilation der Nahrungsmittel. Insoweit nun die inneren Zustände die räumliche Lage bestimmen, „erscheinen die Lebenskräfte gewöhnlich als bewegende Kräfte; aber ebendarum sind sie in ihren Bewegungen gar nicht bloß durch chemische oder mechanische Gesetze zu verstehen. (Bei den letzteren nämlich kommt keine innere Bildung in Betracht.)" Die Lebenskräfte müssen nach Maßgabe der Bedingungen sehr verschieden ausfallen. „Hieraus erklärt sich die Verschiedenheit dessen, was aus einerlei Nahrungsmitteln bereitet wird. Die Elemente, woraus das Herz und woraus die Nerven bestehen, sind, chemisch betrachtet, gewiß nicht so weit verschieden als durch ihre innere Bildung."

„Einmal erworben, bleibt einem jeden Elemente seine Lebenskraft; auch wenn es sich trennt von dem organischen Körper, dem es angehört. Dies zeigt sich in der Ernährung der höhern Organismen durch die niedern, und der vegetabilen durch verweste Teile anderer organischer Körper. Ebendahin gehört alle Zeugung, ohne Ausnahme; auch die einiger niedern Organismen aus anscheinend roher Materie, d. h. aus solcher Materie, die keinen organischen Bau (ein räumliches Prädikat) besitzt, woraus der Mangel an Lebenskraft keineswegs kann geschlossen werden ... In unserm Erfahrungskreise kommt gar keine Materie vor, von der wir mit Sicherheit behaupten könnten, sie sei roh. Die ganze Atmosphäre ist voll von Elementen, die in irgend einem organischen Körper schon Lebenskraft gewonnen haben; und die Menge solcher Elemente vermehrt sich in der Natur unaufhörlich."

Das alles weist auf eine fortlaufende Bildung zum Höheren. Jedoch tut Herbart nicht den Schritt, auch die höheren Organismen aus niederen abzuleiten, wie es zu seiner Zeit Treviranus versuchte. Hier knüpft unser folgender § an. „Daß alles stufenweise fortgebildet sei, das mag man aus der Naturgeschichte der Erde . . schließen. Aber bei dem: es habe sich selbst stufenweise fortgebildet, wenn man es genau nimmt, kommen alle Ungereimtheiten falscher Metaphysik, deren Rest eben das absolute Werden ist, wieder zum Vorschein." Ps. a. W. II, § 158.

Indem Herbart so seine metaphysischen Erkenntnisse auch an den Tatsachen der Physik, Chemie, Physiologie und Biologie prüfte, hat er eine sehr gründliche Bekanntschaft mit der Naturforschung seiner Zeit an den Tag gelegt, ja in manchen Punkten war er entschieden seiner Zeit vorangeeilt. Dazu rechnet du Bois-Reymond den Leibniz-Herbartischen Gedanken von der Vielheit der Ursachen. (Leibnizsche Gedanken in der neueren Naturforschung, 1871.) Denn die ganze Methode Herbarts, die Probleme der theoretischen Philosophie zu behandeln, führt immer auf Vielheit der Ursachen; sein theoretischer Realismus ist Pluralismus. Darin sollte der strenge Kausalbegriff herrschen; in dem Monismus dagegen, zu dem der Idealismus führte, herrschte und herrscht z. T. unter neuen Namen bis heute das absolute oder ursachlose Werden; eine Art davon ist der konsequent durchgedachte Voluntarismus; man vgl. die S. 100 genannten Abhandlungen von Flügel.

Trotz alledem ist natürlich Herbarts Naturphilosophie in mancher Hinsicht heutzutage veraltet. Er huldigt noch hinsichtlich der Wärme und des Lichts der damals fast allgemein angenommenen Emissionstheorie, auch in betreff der Elektrizität folgt er für unsern Standpunkt überwundenen Theorien. Allein davon wird die allgemeine Metaphysik nicht berührt; und im Sinne derselben hat vor allen anderen C. S. Cornelius die Arbeit Herbarts fortgeführt. In der Schrift: „Die Bedeutung der Metaphysik Herbarts für die Gegenwart", 1903, hat Flügel diese Fragen mit Rücksicht auf die heutigen Ansichten der Philosophen und Naturforscher umfassend behandelt. /

c) Philosophische Religionslehre.

§ 39. Religion und theoretische Philosophie.

Zur Religionsphilosophie steht die allgemeine Metaphysik nicht ganz in dem Verhältnis wie zu Psychologie und Naturphilosophie, in welche sich der Stamm der allgemeinen Untersuchungen unmittelbar spaltet. Man könnte sie ebensogut zur praktischen Philosophie wie zur angewandten Metaphysik stellen; letzteres ist nur passender, „um die Betrachtung eines Realen anzukündigen". Enc. § 232 der 2. A. „Bei mir steht das Kostbarste am Ende, und auch da in einem schlichten Gewande", Einl., Vorw., denn inhaltlich schließt sich Religion „der gesamten Philosophie an". Enc. § 225. 191 (248. 210). „Das ist aber", sagte Strümpell 1841 in einem Nachruf, „nicht bloß die Natur seines Systemes und tut sich aus ihm augenscheinlich dar, sondern die religiöse Macht, die es auf den Unbefangenen ausübt, ruhte auch als ein köstlicher Besitz in der Person Herbarts und bildete in ihr die tiefste und höchste Stelle, wozwischen sich sein Bewußtsein heiter und getrost das Künftige erwartend bewegte." Schoel hat „Herbarts philosophische Lehre von der Religion" übersichtlich zusammengestellt (1882). Ferner vgl. man O. Flügel, Die Religionsphilosophie in der Schule Herbarts, 1894; das Hauptwerk vom Standpunkte der Gegenwart aus ist desselben „Monismus und Theologie", 3. Aufl. der „Spekulativen Theologie der Gegenwart", 1908.

Welches sind nun die Grundzüge dieser Religionslehre? Mit einer pädagogischen Wendung sind die realistische und die ethische Auffassung des göttlichen Wesens schon verbunden in der „ästhetischen Darstellung der Welt", wo es (im Abs. 37) heißt: „Gott, das reelle Zentrum aller praktischen Ideen und ihrer schrankenlosen Wirksamkeit; der Vater der Menschen und das Haupt der Welt: Er fülle den Hintergrund der Erinnerung als das Älteste und Erste, bei dem alle Besinnung des aus dem verwirrten Leben rückkehrenden Geistes immer zuletzt anlangen müsse; um, wie im eigenen Selbst, in der Feier des Glaubens zu ruhen."

In Hinsicht auf die Forschung und im besonderen auf die oben berührte Frage nach dem Ursprunge der Organismen heißt es alsdann: „Alle menschliche Forschung muß in der Zurückführung der Lebenskräfte auf die Vorsehung, nach deren Zweckbegriffen sie entstanden sind, ihren Ruhepunkt anerkennen. Weiter reicht keine Metaphysik und Erfahrung; aber jeder Meinung, als ob durch einen Naturprozeß niedere Organismen aus roher Materie, und höhere aus niederen entstanden wären, kann man eine Widerlegung entgegensetzen." Einl. § 117 [159]. „Unsere Erdoberfläche muß unter dem Einflusse einer anderen und höheren Kunst gestanden haben, da sie mit Leben bedeckt wurde .... Denn alles, was wir von Veredelung und Verbesserung kennen, ist selbst nur unter der Bedingung des schon vorhandenen organischen Lebens denkbar. Hier ist einer von den Punkten, wo es sich gebührt, die äußerst beschränkte Sphäre irdischer Erfahrungs-Erkenntnis zu erwägen; und eben darum nicht mehr wissen zu wollen, als man wissen kann. Und dabei wolle man noch bemerken, daß hier nicht von irgend welchen angeborenen Schranken der Vernunft, .. sondern von Schranken des Gegebenen, des Stoffes zur Erkenntnis die Rede ist." Ps. a. W. II, § 158. Was aber ist uns wirklich zu wissen vergönnt? „Mag es immerhin eine Hyperbel sein, wenn wir sagen: jedes Element der gebildeten Materie erinnere sich seiner früheren Geschichte, und suche sie von neuem in sich zu wiederholen, — dennoch können wir keinen kürzern und passenderen Ausdruck finden für das, was wir sagen wollen. Frühere Vegetation läßt Vegetationskraft zurück, welche in dem Tiere die Pflanze wiederholt. Und frühere Empfindung verstärkt den Reiz, den neue Gelegenheiten herbeiführen. Darum bauen sich höhere Bildungen auf niedere; jedoch nicht zufällig; sonst würde das Verzerrte und Entstellte sich ungleich häufiger finden als das Zweckmäßige." Met. II, § 376.

Das alles läuft auf teleologische Naturbetrachtung hinaus. Herbart weist öfter nach, wie sehr dieselbe geschädigt werde durch die Annahme angeborener

Formen, so daß die Zweckmäßigkeit nur unsere eigene Idee sei, die wir dann in die Natur hineinlegen. Und darum sagt Jean Paul: „So drückte mich ordentlich das jetzo gewöhnliche Ableugnen der Endursachen, das eigentlich den Isisschleier der Gottheit bloß verdoppelt überhängt, ... sowie mich das neuliche Anerkennen derselben von meinem tiefsinnigen Herbart (s. dessen geniale Einleitung in die Philosophie) herzlich erfreute."*) Ist aber, sagt Herbart an der von J. Paul bezeichneten Stelle, der Idealismus überhaupt widerlegt, so muß die teleologische Betrachtung „ihre vorige Stärke wieder erlangen, nach welcher man in der zweckmäßigen Einrichtung den Finger Gottes in der Natur erkennt. .... So gewiß unsre Überzeugung feststeht, daß den Erscheinungen menschlichen Handelns auch menschliche Absicht, menschliches Wissen und Wollen vorangeht; eben so gewiß muß es erlaubt sein, die teleologische Naturbetrachtung zur Stütze des religiösen Glaubens zu machen, welcher übrigens viel älter ist, und viel tiefere Wurzeln im menschlichen Gemüte hat, als alle Philosophie. Freilich kann auf diese Weise nicht ein wissenschaftliches Lehrgebäude der natürlichen Theologie zustande kommen, welches als Erkenntnis betrachtet sich dem vergleichen ließe, was Naturphilosophie und Psychologie durch ihre in der Tat ins Unendliche sich erstreckenden möglichen Fortschritte zu werden bestimmt sind. Allein die Anmaßungen solcher Systeme, die von Gott als von einem bekannten, in scharfen Begriffen aufzufassenden Gegenstande reden**), sind keine Flügel, wodurch wir uns zu einem Wissen erheben könnten, für welches uns nun einmal die Data fehlen, — und vielleicht weislich versagt sind. .. Gerade wegen der Unbestimmtheit aber, welche bei diesem erhabensten

*) K. Lange, J. Pauls Levana, 2. Aufl. 1892, S. 52. Gemeint ist Einl. § 132 [155].

**) Über solche „Naturgeschichte Gottes" vgl. K 4, 4 ff.; H 1, 5 ff.

aller Gegenstände die Spekulation übrig läßt, darf immerhin der Sitte, der Gewöhnung, der Tradition, ja selbst der Phantasie einige Freiheit verstattet werden."

Religionsansichten können nicht auf einmal feststehen, sondern hängen mit dem Ganzen des menschlichen Meinens, Denkens, Forschens innig zusammen. „Darum muß man . . Toleranz üben und sich nicht schämen, auch wiederum Toleranz anzunehmen. . . Der Glaube ist nun einmal nicht Naturwissenschaft; er kann es und soll es nicht sein. Ein supranaturalistischer Grundzug liegt in ihm und wird ihm willig zugestanden, so lange er nicht Ansprüche macht ähnlich jenen, da er die Astronomie nicht wollte neben sich aufkommen lassen." Enc. § 232 der 2. Ausg. Über die Konsequenzen solcher Ansprüche enthält die Rede „Über den Hang des Menschen zum Wunderbaren" (1817!) folgenden charakteristischen Schluß:

„Daß die Unwissenheit sich fürchtet vor der Wissenschaft, ist so lange nicht zu ändern, wie lange sie Unwissenheit ist und bleibt. Daß sie ein frommes Werk zu verrichten glaubt, wenn sie mit allerlei Warnungen wider ihre Gegnerin unter den Menschen sich vernehmen läßt, dies kennen wir längst als eine alte Ordnung der Dinge. Dergleichen fromme Werke aber, wenn man ihnen nicht Einhalt tut, pflegen zu wachsen im Laufe der Zeit; sie können wachsen bis zu fanatischen Greueln. Darum Heil der Reformation, die eine feste Burg wider den Fanatismus errichtet und den gesunden Verstand mit einer mächtigen Volkeskraft bewaffnet hat, welche zugleich eine Kraft der Staaten und der Regierungen, und ein Schutz für den einzelnen Denker geworden ist. Heil dem Lande, Heil diesem Königreiche, Heil dem Könige, worin die Reformation ihre starke, ihre unzerbrechliche Stütze findet!" K 4, 447; H 1, 492. Noch deutlicher ist die Enc. in § 200 (219): „Priesterherrschaft ist das größte aller Übel. Denn gerade das Edelste, die Religion, wenn es verzerrt wird, verwandelt sich ins Abscheulichste und Verderblichste." —

Umgekehrt soll aber auch die Forschung ihre Grenzen anerkennen und sich nicht durch ihre kühnen Versuche drängen „zum dreisten Eingriff in die Geschäftigkeit der Erfahrenen und in die Gefühle derer, welche nur leben im Glauben". Hauptp. der Met. § 14.

Im ganzen hat demnach die theoretische Philosophie in Hinsicht auf Religion „mehr ein negatives als ein positives Geschäft. Sie muß Irrtümer falscher Systeme abwehren.“ Enc. § 16.

§ 40. Religion und praktische Philosophie.

Die von Herbart geübte große Nachsicht und Schonung hinsichtlich der theoretischen Seite der Religion ist für ihn begründet in der Verbindung der Religion mit den praktischen Ideen. Jedoch ist auch in praktischer Hinsicht zuerst eine negative Seite hervorzuheben: Die praktischen Ideen oder die sittlichen Musterbilder werden das, was sie sind, nicht durch Gott, d. h. durch bloße göttliche Willensbestimmung, sondern es gilt hier derselbe Grundsatz, den Kant mit den Worten aussprach: Selbst der Heilige des Evangelii muß zuvor mit unserem Ideal der sittlichen Vollkommenheit verglichen werden, ehe man ihn dafür erkennt. Für den Philosophen Herbart stehen die ethischen Ideen fest kraft der evidenten Methode, mit der er von dem Gegebenen aus fortgeschritten war; durch dieselben muß unser Gottesbild bestimmt und, wenn nötig, berichtigt werden. Die Sittenlehre muß uns „in unserer Gottesverehrung Licht geben“. K 2, 258; H 1, 413. „Es hätte müssen von selbst einleuchten, daß die Gottheit aus theoretischen Begriffen nicht *verstanden* werden könne; daß, um ein Auge zu haben für *die höchste Güte*, man *zuvor das Gute* klar sehen muß, — nicht als ein Ding, sondern als ein *Muster!*“ Ps. a. W. II, § 105.

Hiernach muß Herbart den pantheistischen innerweltlichen Gott aus ethischen Gründen abweisen. „Wir haben einmal gelernt, die Weltbildung als *freie* Wohltat unseres *weisen* Schöpfers zu betrachten, und die geringste freie Wohltat gilt uns mehr, als ein ganzer, in blinder Notwendigkeit weltgewordener Gott, den wir für nichts anderes halten, als für einen Götzen, wie sie, nicht bloß aus den Händen, sondern auch aus den Köpfen der Menschen zu entspringen pflegen. Wir glauben an einen seligen Gott, der nicht sich selbst verwandelte, als er uns ins Dasein rief, nicht seiner selbst erst sich bewußt wurde, da eine Menschheit den Weg ihrer Entwicklung antrat, nicht ein zeitliches Leben lebt, sondern ein ewiges, und, wie Platon sagt, eine Welt schuf, weil er gut ist. Dieser Glaube wird in der Mitte aller philosophischen Irrtümer und Streitigkeiten immerfort bestehen; denn er ruht auf seiner innern Würde, und auch die Wissenschaft, die freilich in den letzten zwanzig Jahren viel gelitten hat, wird sich ja hoffentlich wieder erholen." K 12, 89; H 12, 399.

So ist die Religionslehre als Lehre abhängig von der Tugendlehre, und die Entwickelung der Religion abhängig von der sittlichen Entwickelung. „Jedes Geschlecht überliefert dem nächsten seinen Begriff der Tugend. Wie vollständig oder mangelhaft, wie rein, wie verderbt es denselben aufgefaßt oder dargestellt hat in Rede und Tat: Das ist der Maßstab, an welchem die Kommenden zunächst sich messen, und den sie wenigstens nicht schnell und nicht allgemein verändern, berichtigen, verfälschen können." A. pr. Ph. II, 6. Damit überliefert aber auch jedes Geschlecht dem folgenden seinen Gottesbegriff. Laut Zeugnis der Geschichte stehen „die religiösen Begriffe der Menschen niemals höher als ihre moralischen. Vielmehr, sie bleiben gar leicht um ein merkliches hinter denselben zurück. . . Es ist also kein Zweifel, daß die Tugend als Ideal vorangeht, nämlich in der Zeit, vor der klaren und vollständigen Idee von Gott." Enc. § 200 [219]. „Indem man irgend etwas Religiöses berührt, hat man unstreitig eben dadurch auch das Sittliche bezeichnet, was im Religiösen allemal enthalten ist. Das muß jedem sein richtiges Gefühl sagen." Met. II § 444; 239.

Aber „keine Lehre der Welt ist imstande, den Menschen vor Leiden, vor Übertretungen und vor innerem Verderben zu sichern. Das Bedürfnis der Religion liegt klar am Tage; der Mensch kann sich selbst nicht helfen; er braucht höhere Hilfe.“ Die Religion kann nur dreierlei tun: den Leidenden trösten, den Verirrten zurechtweisen, den Sünder bessern und dann beruhigen. Denn wie bestimmt man auch das Ideal der Tugend zeichnet und das Gottesbild darnach denkt: „Dies alles richtet den gesunkenen Menschen nicht empor; ihm muß sich eine neue Welt eröffnen, denn seine Welt ist ihm verdorben; seine Schuldbriefe müssen zerrissen werden, denn er kann sie nicht bezahlen; er muß wieder anfangen, denn er ist unfähig fortzusetzen.“ Enc. § 33. „Religion erhebt das Gemüt in einen höheren Gedankenkreis. Sie gewährt Feierstunden, in welchen der Arbeiter sich erholt; sie beschäftigt und erheitert. Hier trifft sie zusammen mit den schönen Künsten, die von jeher dem Aufschauen zum Höheren ihre edelsten Erzeugnisse widmeten.“ K 4, 135; H 1, 159. „Bei der Religion gedeiht die moralische Gesundheit; durch sie erhöht sich die moralische Würde. Ohne sie ist der Mensch schwach und mutlos zum Guten.“ Enc. § 200 [219].

Die eröffnete neue Welt wird, so weit es geht, verbunden mit unseren theoretischen Begriffen, erweitert sich aber darüber hinaus zu einer Ansicht der Welt, die dem Bedürfnis entspricht, welches aus unserem Verhältnis zu dem Ideal der Tugend entsteht. Die Philosophie kann keine Weltanschauung bieten, weil uns die Welt als Ganzes nicht gegeben ist. „Welt-Ansichten gehören dem Glauben; aber die wahre Philosophie sagt nicht mehr, als sie weiß.“ Ps. a. W. I, Vorw. Läßt nun das Kausalverhältnis zwischen Tugend und Gottesbild ein Fortschreiten zum Höheren als möglich erscheinen, so fordert die Würde dessen, was das Bild uns zeigt, daß es um der Würde willen als sicher gesetzt, geglaubt werde. (Die etymologische Wurzel von glauben ist lieben!) Davon noch ein Beispiel. Von dem Fortschreiten des Menschengeschlechts überzeugt zu sein ist „nicht bloß eine gutmütige Voraussetzung, die man haben und entbehren kann nach Belieben: sondern wenn von praktischen Postulaten die Rede ist, an die man glauben muß, um sittlich handeln zu können, so ist für das Leben gerade dieses Fortschreiten, und zwar in der Sittlichkeit nach ihrem allerstrengsten Begriffe, der wahre und eigentliche Glaubenspunkt, welcher allein fähig ist, den Mut des Lebens und Wirkens zu halten und zu ernähren". Ps. a. W. II, § 152.

Diese letzte Auseinandersetzung ist gegen Kant gerichtet, der dieses Fortschreiten bezweifelte, während er Gott, Freiheit und Unsterblichkeit als praktische Postulate ansah. Hinsichtlich der Unsterblichkeit ist das bei Herbart anders. Nach seiner Metaphysik kann weder das Seelenwesen selbst vergehen, noch die Summe der inneren Zustände, in die es im Laufe seiner irdischen Entwickelung gekommen, samt der ganzen inneren Bildung, welche durch Verbindungen daraus entstanden ist. Bestandteile dieser inneren Bildung können nur infolge der „Einkörperung" der Seele zeitweilig gehemmt werden. „Nach dem Tode, frei vom Leibe, muß die Seele vollkommener wachen, als jemals im Leben. Das Produkt jedoch, welches die zum Gleichgewichte hinstrebenden Vorstellungen nach und nach ergeben, kann nicht bei zweien menschlichen Seelen vollkommen gleich ausfallen. . . Während die Vorstellungen des früh gestorbenen Kindes sich sehr bald ihrem allgemeinen Gleichgewichte nähern und während die Gedanken des in seinem Gewissen ruhigen, in seinem Handeln und Wünschen einfachen Mannes keiner großen Umwälzungen fähig sind, kann dagegen kein unruhiges, weitgreifendes, von der Welt gefesseltes und plötzlich derselben entrissenes Gemüt die Stille der Ewigkeit anders als nach einem Durchgange durch heftig tobende Affekten erreichen, die wegen des gänzlich veränderten Zustandes leicht noch stürmischer und peinlicher sein mögen als diejenigen, von denen der leidenschaftliche Mensch bei uns so häufig geplagt wird."

Nach irgend einer Zeit aber muß doch für jede Seele eine Annäherung an das allgemeine Gleichgewicht eintreten. „Ohne Regung, aber im klarsten Wachen, weiß und fühlt von nun an die Seele das ganze Edle oder Unedle ihres vormaligen Wandels auf Erden, den sie als die unvergängliche Bestimmung ihres Ichs, und eben darum als ein unablösliches Wohl oder Wehe in sich trägt, unfähig, auch nur zu begehren, nur zu wünschen, daß ihr Zustand ein anderer sein möchte. . . Lauter und reiner spricht das Gewissen; endlich spricht es allein, der Sünder ist bekehrt, und die Reue verliert ihren Stachel."

Damit schließt das Lehrbuch zur Psychologie.

II. Teil.

Verbindung der praktischen und theoretischen Auffassung.

§ 41. Der praktische Endzweck des philosophischen Wissens.

Schon oben wurde hingewiesen auf die angewandte Logik, Ästhetik und Ethik (S. 12, 28). Angewandte Wissenschaften oder Kunstlehren heißen sie aber, weil sie Forderungen der normativen Disziplinen auf gegebenen Stoff (z. B. Marmor, Geistesleben) anwenden, d. h. zeigen, wie man denselben behandeln müsse, damit nicht das Mißfallende, sondern das Wohlgefallende entstehe. Einl. § 8. Jede Kunstlehre hat also eine teleologische und eine methodologische Seite; jene setzt Zwecke fest, diese sucht die Mittel anzugeben, wodurch man dieselben erreicht. In solcher Verbindung oder Anwendung erfüllt das philosophische Wissen erst seinen letzten Zweck. Wie das zusammengesetzte Wirkliche in der Geschichte zuerst entsteht und in der persönlichen Entwickelung zuerst bemerkt wird, so liegt auch auf sehr natürliche Weise den allermeisten Menschen eigentlich nur das Zusammengesetzte, die Anwendung, am Herzen. Aber auch nur um diesem Bedürfnisse auf die beste Weise zu dienen, hat Herbart nach den deutlichen Fingerzeigen der Geschichte die prinzipiellen Wissenschaften gesondert und so vor der Anwendung behandelt. Einl. § 125 [148]; K 6, 19; H 6, 25. Mancher Anstoß, den die gesonderten Disziplinen erregten, müßte jetzt von selbst schwinden; z. B. werden, nachdem die gesellschaftliche Ideallehre feststeht, gesellschaftliche Zwecke, wenn sie dieser Ideallehre entsprechen, als Aufgaben behandelt, während sie vor der Aufstellung der Ideallehre nur als Tatsachen gelten dürfen.

Die beiden Hauptseiten, die praktische und die theoretische, müssen in jeder angewandten Wissenschaft und eben darum im ganzen Systeme im richtigen Verhältnis zu einander stehen. Wiegt die theoretische Philosophie vor, so geraten die praktischen Begriffe in Verwirrung, wie es Herbart besonders an Spinoza, Schelling, Schleiermacher, Hegel immer wieder nachweist; vgl. Met. II § 123. Nicht minder entschieden verwirft er aber, mit Kant zu reden, den Primat der praktischen Vernunft; das zeigt in der Einl. das Kapitel: Vom Interesse der Philosophie. Sowenig das Nützliche die praktischen Grundlehren verwirren darf, so gut weiß er von der theoretischen Erkenntnis, wenn es sich um Anwendung handelt, „daß sie nützlich ist, und zwar nicht bloß zur Erreichung von Genießungen, sondern auch zur Ausführung des Guten. Mit den frömmsten Wünschen richtet man nicht das geringste aus in der Welt, wenn man sie nicht zu bewaffnen weiß mit eingreifenden Werkzeugen. Und solche Werkzeuge wollen erfunden und berechnet sein; dazu gehört etwas Anderes, wenn schon nichts Besseres, als moralischer und religiöser Sinn; dazu gehört eine Ausbildung, wie Spinoza sie besaß", der vom Guten und Bösen, vom Schönen und Häßlichen mit ruhigem Blute eine Natur- oder Entstehungsgeschichte zu geben suchte. K 3, 284; H 13, 250. Dauernde Wirkungen kann auch nichts haben, „worin etwa durch eine scharfe Frömmigkeit der Mangel an wissenschaftlicher Schärfe soll bedeckt werden". K 4, 212; H 1, 260. Wenn zu viele weltvergessen bloß zu der „Hoheit unserer Bestimmung" hinaufschauen, dann

„stehen die wirklichen Mittel und Kräfte den Ungläubigen zu Gebote, die die Welt regieren". A. P. I, 2, Abs. 23. — Das Ergebnis ist also: „Nicht vermischt, aber wohl verbunden und zu gleichen Graden der Klarheit und Geläufigkeit erhoben, geben die theoretische und praktische Forschung dem Handeln die richtige Leitung." K 2, 283; H 1, 446.

Durch diese letzte praktische Tendenz der prinzipiellen Wissenschaften geht aber deren Selbständigkeit nicht verloren. Herbart hebt eindringlich hervor, daß die Natur seiner Studien „nichts strenger verbietet als das Hinsteuern auf ein vorgestecktes Ziel!" Einl., erstes Vorw. „Werden die Wissenschaften nicht um ihrer selbst willen getrieben, dann verliert die gelehrte Welt ihre Würde." H 9, 425. Und gerade nur dadurch, daß die prinzipiellen Wissenschaften auf gar keine Endabsicht blicken, sondern jede nur der treibenden Kraft ihrer eigenen Erkenntnisprinzipien folgt, können und sollen für die Anwendung einwandfreie Resultate entstehen. Er weist a. a. O. hin auf die Mathematik, die ohne Frage nach dem cui bono zu der nützlichsten Wissenschaft geworden ist. Den Geschäftsmännern, d. h. bei Herbart allgemein denjenigen, welche beschäftigt sind mit den Angelegenheiten des Lebens und dafür vom Denker Unterstützung erwarten, darf jedoch die strenge Sonderung der prinzipiellen Wissenschaften nicht zugemutet werden. „Nichts verdirbt so sehr den praktischen Menschen, als unzeitiges Spekulieren; nichts verdirbt so sehr die Spekulation als Anbequemung an Geschäfte und Zwecke." Met. I § 123. Darum wird das Suchen der — ungesuchten Resultate, d. h. die Pflege desjenigen Wissens, das sich selbst Zweck ist, die berufliche Tätigkeit Einzelner. Ihre erste Aufgabe ist die Ausbildung der prinzipiellen Wissenschaften; die angewandten heißen deshalb einmal „Nebenteile der Philosophie".

Daß die Philosophie im letzten Grunde handeln lehren soll, dürfte heute nicht auffallen, vielleicht aber, daß gerade Herbart diese Forderung stellt. K 1, 125; H 13, 117. In bezug auf ihn selbst sagt der Strümpellsche Nachruf, „daß seine Philosophie an allen Stellen seine Menschheit durchdrang". Um aber seine Lehre würdigen zu können, muß man Arten des Handelns unterscheiden. Vermöge eines natürlichen Dranges werden immer „Vernunftwesen, welche mit einer Sinnensphäre begabt sind, hineingreifen, um sich darin darzustellen", d. h. ihre Gedanken und Phantasien zu verwandeln in wirkliche Gestalten der Dinge. „Phantasieren ist ursprünglich Handeln. Sehet die Kinder!" Darüber hinaus geben empfundene und erkannte Bedürfnisse dem Handeln Ziel und Richtung. A. pr. Ph. I 4. Der „edle Mensch" aber wird zum Handeln „bewogen" (nicht gedrängt oder genötigt) „durch seinen Kunstsinn und durch sein sittliches Gefühl". K 1, 120; H 13, 109. An der obigen Stelle über die richtige innere Leitung des Handelns heißt es daher weiter: „Das praktische Urteil ist die innerste Seele des sich entschließenden Menschen." Aber es muß sich gegen vieles Entgegenstehende erst nach und nach aufarbeiten. Deswegen gehört zu den Tugenden des Handelnden auch „die Wachsamkeit, welche das praktische Urteil unaufhörlich auszuüben hat, während die hinzutretende theoretische Überlegung beschäftigt ist, die Mittel und Wege aufzuspüren, wie jene Seele der Entschließungen sich in äußerer Tat offenbaren könne".

Alle diese Schwierigkeiten schon beim Einzelnen vervielfältigen und komplizieren sich, wenn es gilt, einer Gesellschaft, der Nation oder gar der Menschheit zu richtiger innerer Leitung zu verhelfen. Trotzdem muß die schwere Aufgabe angefaßt werden, denn dem bloßen Beschauen weichen die Übel nicht, und der mahnenden Stimme des praktischen Urteils ist nicht zu entgehen. „Alle Zweifel, welche man über die gesellschaftliche Wirkung der Philosophie versuchen könnte, werden von der einen Betrachtung überwogen, daß der Mensch, um seinen gegenwärtigen Übeln sich zu entwinden, — wenn er nicht etwa die ihm von der Natur dargebotenen Mittel verschmähen und noch Wunder erwarten will, — nichts anderes tun kann als seine Vernunft gebrauchen." Hierbei hat man auch festzuhalten, daß es seine Vernunft sein soll; dadurch wird der Ausweg Platos (S. 61) für Herbart ungangbar, und er muß eine etwas andere Teilung der Arbeit vornehmen. „In der Gesellschaft gehört die Philosophie nicht zu den unmittelbar tätigen Kräften; sie dämpft ungleich mehr äußere Wirksamkeit, als sie gibt, indem sie den Leidenschaften Ruhe gebietet und auf Überlegung vor dem Handeln dringt;" besonders aber dadurch, daß sie die Aufmerksamkeit zu sehr auf das Allgemeine lenkt und die besonderen Umstände, die das wirkliche Handeln immer mit bestimmen, vergessen macht. „Geschäftsmänner müssen sich dieser Wirkung durch ausdrücklich festgesetzte Grundsätze erwehren. Mittelbar wirkt die Philosophie desto stärker auf die Gesellschaft", am besten durch andere Wissenschaften, welche den Berufsgeschäften näher stehen, wie Religions- und Rechtslehre. K 2, 300; H 12, 101; Einl. § 15. 16. Von Kant rühmt Herbart in der Rede von 1810: Sein klares Auge sah die Gesamtheit der menschlichen Angelegenheiten, und sein Interesse war und blieb bei seinen Brüdern. Aber er war kein politischer Reformator und begehrte es nicht zu sein, denn der Denker kann nur lehren. Die Ruhe und Festigkeit, womit er sich innerhalb des Denkgebietes hielt, machte einen seiner großen Charakterzüge aus. K 3, 71; H 12, 152. Was der so gerichtete Denker vollzieht, nennt Herbart treffend inneres Handeln. K 13, 107; H 12, 620; A. pr. Ph. II 3. Es hängt ab von dem Begehrungskreise des Menschen, seinen individuellen Fähigkeiten und den äußeren Gelegenheiten und Hindernissen; vorzüglich aber „kommt es darauf an, welche Art von äußerer Geschäftigkeit in ihrer ganzen Komplikation, der Phantasie mit vorzüglicher Klarheit vorzubilden gelingt". A P III 4, 7 ff. Hiermit ist angedeutet, wie die mittelbaren Einflüsse der Lehre sich geltend machen können. Ganz besonders muß dabei alles vermieden werden, was die Gemüter verschließen könnte. Denn was auch immer der Forscher dem praktischen Manne vor- oder nahelegen mag, es darf diesem, wenn es recht wirken soll, nicht eine fremde Weisung bleiben, sondern muß in seine eigenen Überzeugungen übergehen. „Ebendeswegen", sagt Strümpell a. a. O., „ist seine wissenschaftliche Tätigkeit um so größer, energischer und reformierender geworden. Ja, man kann behaupten, daß, während Herbart als Staatsbürger in der ruhigsten Stille lebte, innerhalb der Philosophie alles bei ihm eine umwälzende Tendenz an sich trägt."

§ 42. Die Pädagogik als Kunstlehre.

Nach den einzelnen Gebieten des Normativen ist eine große Anzahl von Kunstlehren möglich. Die meisten derselben geben nur die bedingte Vorschrift: wenn jemand sich mit dieser Kunst befassen will, so soll er sie so und nicht anders treiben. Aber einer derselben, nämlich der Tugendlehre, gebührt notwendige Befolgung, weil wir selbst unwillkürlich und unaufhörlich Gegenstand derselben sind. Einl. § 9. Dadurch scheidet sich „die erhabenste unter den Kunstlehren" ganz und gar von den übrigen. Ihr Stoff, der Mensch, ist für sich selbst ein gegebener Gegenstand des Beifalls oder Mißfallens; die Gesellschaft, in der er lebt, ist es gleichfalls. Die Aufgaben, welche hieraus entstehen, können nicht abgelehnt werden. „Das Mißfallen schon an der mangelnden Tugend ist unvermeidlich; und dieses Mißfallen ist das bleibendste unter allen Motiven menschlicher Handlungen und Gesinnungen." Einl. § 91 [105. 106].

Die Zweige der Tugendlehre sind Pädagogik und Politik. Der weitere Sinn, in welchem dabei die Pädagogik gefaßt wird, ergibt sich unten (§ 45); hier wird sie zunächst in dem üblichen engeren Sinne genommen, und nur diese eine Kunstlehre hat Herbart systematisch ausgeführt.

Die vielen kleineren Schriften und Abhandlungen zur Pädagogik werden wie seither z. T. bei besonderem Anlaß genannt. Von den beiden systematischen Werken gibt der Umriß eine sehr klar gegliederte Übersicht. Als Lehrbuch und als Werk der späteren Jahre zeigt er nicht die Wärme und Innigkeit der Allg. Pädagogik von 1806, aber wohl das zugänglichere Licht; er wurde von Mager schon 1842 „ein wahres Lehrerbrevier" genannt. Bei der Abfassung konnte Herbart seine philosophischen Hauptwerke als bekannt voraussetzen, außerdem war er an Erfahrung reicher geworden. Ferner ist der Umriß trotz der knappen Fassung sozusagen vollständig; man kann an der Hand desselben mit Hilfe der Hinweise von Willmann, v. Sallwürk, K. Richter usw. Herbarts ganze Pädagogik ziemlich be.uem zusammenhalten. Schon ein Blick in das Inhaltsverzeichnis zeigt einen weiteren Rahmen der Lehrtätigkeit, als manche vermuten, denen seine Lehre nur von einer Seite her beschrieben worden ist. In der Folgezeit läßt sich eine Reihe von Strömungen bezeichnen, welche die Richtung einzelner dieser Kapitel verfolgt haben. Manche zog vor allem die reine, hohe ethische Grundtendenz an; aber das vortrefflichste ist nicht das Ganze (S. 127). Andere verfolgten mehr die allgemein-psychologische Richtung (Waitz und Beneke neigen nach der psychologischen Seite hin, sagt Ziller, Allg. Päd. § 5); die meisten wandten besonders der speziellen Didaktik ihre Sorgfalt zu, aber auch die Zucht hat glücklicherweise in Lehre und Ausübung besondere Freunde gehabt; die „Fehler der Zöglinge" wurden eingehend behandelt in Strümpells „Pädagogischer Pathologie" (4. Aufl. mitbearb. von Alfred Spitzner 1909) und sind Gegenstand ausgebreiteter Spezialarbeit geworden (Zeitschrift für Kinderforschung, ursprünglich genannt: Die Kinderfehler, hrsgg. von Trüper, Ufer, Martinak und Koch); die heutige exakte und experimentelle pädagogische Forschung hat in mancher Hinsicht bloß Herbarts Arbeit fortgesetzt; aber alle überwiegend oder bloß psychologischen Richtungen verhalten sich leicht ablehnend gegen die Hoheit der pädagogischen Teleologie. So legt es die an sich erfreuliche Regsamkeit in einzelnen Richtungen doch nahe genug, wie notwendig es ist, stets die Hauptgesichtspunkte zusammenzuhalten. Vgl. oben S. 8. Das wird besonders nahe gelegt in dem schönen Buche von P. Dietering: „Die Herbartsche Pädagogik, vom Standpunkte moderner Erziehungsbestrebungen gewürdigt", 1908. Der engere Zweck unserer Ausführungen zur Pädagogik wurde in § 1 angegeben. Die eigentlich systematische Darstellung findet sich mit gewissen späteren Fortbildungen in Reins „Pädagogik im Grundriß", Sammlung Göschen Bd. 12; eine Zusammenfassung der Herbartschen Pädagogik der Gegenwart versuchte Rein in seiner „Pädagogik in systematischer Darstellung", 2 Bde. 1902/04.

Den Anfang seiner ernstlichen Bemühungen um Pädagogik verlegt Herbart selbst in die Universitätsjahre. Er sagt 1814 in den Bemerkungen „über einen pädagogischen Aufsatz": „Ich für mein Teil habe seit 20 Jahren Metaphysik und Mathematik und daneben Selbstbeobachtung, Erfahrungen und Versuche aufgeboten, um von wahrer psychologischer Einsicht nur die Grundlagen zu finden. Und die Triebfeder dieser nicht eben mühelosen Untersuchungen war und ist hauptsächlich meine Überzeugung, daß ein großer Teil der ungeheuern*) Lücken in unserem pädagogischen Wissen vom Mangel der Psychologie herrührt." Ähnlich in der Selbstanzeige des Umrisses. Hierauf stützt sich wohl Th. Ziegler mit, wenn er (Baumeisters Handb. I 1, S. 297) sagt: „Herbarts Hauptabsehen war auf die Pädagogik gerichtet, und so ist es zum mindesten mißverständlich, wenn man sagt, er habe dieselbe von seiner Ethik und Psychologie abhängig gemacht. Vielmehr hat er gerade in ihrem Interesse diese beiden Disziplinen bearbeitet." Das ist jedoch schon deswegen übertrieben, weil die Forschung in den prinzipiellen Wissenschaften sich nicht durch Rücksichten auf mögliche oder notwendige Anwendung bestimmen lassen soll; Psychologie und Ethik reichen auch in der Art, wie sie vorliegen, z. T. über das unmittelbare Bedürfnis der Pädagogik weit hinaus, und wiederum ist die für die Pädagogik eigens berechnete Bearbeitung der Psy-

*) K 3, 293 hat „ungesunden", dag. H 11, 381 wie oben.

chologie zwar etwa 1831 angefangen, aber nicht zu Ende geführt worden, während die „psychologischen Untersuchungen", mit denen Herbart sich in seinen letzten Jahren angestrengt beschäftigte, direkte Beziehungen zur Pädagogik gewiß nicht zeigen. Die Pädagogik aber nennt er selbst abhängig von seiner Ethik und Psychologie, U § 2; ihr Charakter als Kunstlehre liegt eben darin, daß sie die Resultate beider verknüpft. „Die Erziehung will ins Innere des Gemüts dringen; nicht um irgend eine Tätigkeit hineinzubringen, aber um die vorhandene für jedes vortreffliche zu bestimmen. Dies setzt Ideen des Vortrefflichen, — und es setzt ein Kausalverhältnis voraus zwischen Zögling und Erzieher." K 1, 298; H 1, 371; bei Willmann 1, 255. Weil nun Kants transzendentale Freiheit dieses Kausalverhältnis aufhob, darf man sich nicht wundern, daß in Herbarts allgemeinen Erörterungen über Sittlichkeit, Freiheit und Determinismus häufig auf pädagogische Erfahrungen und Bedürfnisse hingewiesen wird. Aber dieselben Sorgen hätten unter solchen Zeitumständen nicht nur den Erzieher, sondern auch jeden anderen Menschenfreund drücken sollen. „Die erste und wichtigste aller Fragen, welche der Mensch für sich, für andre, für den Staat, für die Erziehung, für die Welt, ja sogar in Beziehung auf Vorsehung und Erlösung aufwerfen kann, ist die Möglichkeit des Besserwerdens." Enc. § 209 [229]; Einl. § 9. „Und was noch das ärgste ist, wer die Erziehung leugnet, der muß aus denselben Gründen auch jene große Erziehung des Menschengeschlechts durch die Vorsehung leugnen. Woraus denn gar bald weiter folgt, daß das ganze Erdenleben des Menschen mit seinen vielen Plagen und seinen kurzen Freuden etwas rein zweckloses ist, da es nicht mehr als Bildungsschule kann betrachtet werden." K 3, 337; H 12, 227.

Nicht selten hat man nun zwar Herbarts Begründung der Pädagogik auf Ethik und Psychologie an sich anerkannt, aber die Grundlage als zu eng bezeichnet. Der

Ethik gemäß weise sein Ziel der Erziehung „nur“ auf das Gute, das Schöne und das Wahre seien nicht darin enthalten. Sagt er doch ganz klar: „Tugend ist der Name für das ganze des pädagogischen Zwecks.“ U § 8. Nach der „Realdefinition der Tugend“ (S. 72) bezeichnet dieselbe das der idealen Einsicht angemessene Wollen einer Person; das „Streben zur beharrlichen Wirklichkeit jenes Verhältnisses“ ist die Moralität oder Sittlichkeit, und so sagt die Ästh. Darst. der Welt (Abs. 1): „Man kann die eine und ganze Aufgabe der Erziehung in den Begriff: Moralität fassen.“ Wer sich jedoch den menschlichen Geist nicht aus getrennten Fächern zusammengesetzt denkt und die drei Arten von idealen Normen richtig in Beziehung zu einander setzt, der wird finden, daß das anscheinend einseitige Ziel in Wirklichkeit „jedes Vortreffliche“ umfaßt oder zuläßt. Der erziehende Unterricht enthält fast unvermeidlich eine Menge von Gegenständen aus den Gebieten des Schönen und noch mehr des Wahren; er bietet es selbst dar oder bemerkt, daß es ohne sein Zutun aufgefaßt worden ist, er zerlegt, klärt, verdeutlicht, läßt verbinden, gebrauchen, reinigt, vertieft und befestigt den ersten Eindruck. Alle diese Bemühungen sollen das begründen, nähren, bilden, was Herbart unter dem Namen des (unmittelbaren) Interesse dem Unterricht geradezu als das „nähere Ziel“ vorgesetzt hat. U § 62. Das Wissen, die Aneignung eines angemessenen Teiles der Wissenschaften, die unsere Kulturentwickelung erzeugt hat, wird zwar nicht abgelehnt, aber es soll, indem Lehrer und Schüler an dem höheren und eigentlichen Ziele des Unterrichts arbeiten, als natürlicher Miterfolg sich ergeben (Rein, Grundriß S. 81). Dadurch soll dem höheren Zwecke des Wissens, nämlich den „künftigen Mann“ zu einem reineren, vielseitigeren, kräftigeren Wirken inmitten gegebener Verhältnisse zu befähigen, viel besser gedient werden als mit der direkten Überlieferung von bloßem Wissen, das ohne innere Erhebung und vielleicht erst nach

Aufstachelung mittelbarer Interessen, wie des falschen Ehrtriebes u. s. w. angeeignet wird. U § 18; K 3, 149; H 7, 65*).

Dieses unmittelbare, d. h. nicht durch Nebengedanken geleitete Interesse soll *vielseitig* sein, weil namentlich jeder Einzelne vielfaches Verständnis für Tun und Streben der Mitlebenden nötig hat, wenn er auch seine eigentliche Arbeit nur auf einem beschränkten Gebiete leisten kann. „Alle müssen Liebhaber für alles, jeder muß Virtuose in einem Fache sein. Aber die einzelne Virtuosität ist Sache der Willkür; hingegen die mannigfaltige Empfänglichkeit, welche nur aus mannigfaltigen Anfängen des eignen Strebens entstehen kann, — ist Sache der Erziehung.“ A P I 2, 9. Also welche besondere Tätigkeit jemand sich erwähle, das wird seiner Individualität überlassen, aber die vielseitige Fähigkeit, anderes zu verstehen und zu schätzen ist für die Erziehung eine *notwendige* Aufgabe (S. 69). Auf einem Gebiete des Schönen schaffen zu wollen oder nicht, hängt von der Anlage ab; es *soll* unterbleiben, wenn die Anlage fehlt, und allgemein soll jeder den Beruf dort suchen, wo er das Beste leisten kann. Damit man aber diese Entscheidungen richtig treffe, ist vielfache wahre Erkenntnis nötig; das Wahre ist mit jeder notwendigen Entscheidung, mit jeder redlichen Selbstprüfung, mit jeder gewissenhaften Ausführung unzertrennlich verknüpft. So erscheint nicht bloß in der Erziehung, sondern allgemein jedes einzelne Streben, auf welchen Gegenstand es sich auch richten möge, der Moralität eingegliedert, sobald der betreffende Wille in Verhältnisse gerät. Wegen der Teilung der Arbeit steht freilich gar vieles mit ihr nur in *mittelbarer* Beziehung, und solchen Beziehungen muß der Unterricht eine ähnliche Unabhängigkeit geben

---

*) In einem Gutachten vom Jahre 1823 spricht Herbart davon, wie der „*Geist der Nummern*“ im Schulwesen entstanden sei. H 13, 163; bei Willmann 2, 145.

oder lassen, wie sie den prinzipiellen Wissenschaften gegenüber den Anwendungen zukommt. „Wer Kinder sehr moralisch bilden will, pflegt sie häufig mit religiösen und asketischen Ideen zu betäuben, worüber der Natursinn, d. h. die Leichtigkeit, jedes Ding als das, was es ist, in seiner Art zu erkennen und zu empfinden, verloren geht. Alles auf Moralität unmittelbar zu beziehen, ist überhaupt sehr gefährlich, weil man sich dadurch für die ihr fremden Beziehungen der Dinge blind macht.“ Aph. 144; H 11, 463. Die absolute Beurteilung ist zwar von der relativen zu unterscheiden (§ 12), aber die letztere wird dadurch nicht aufgehoben, es wird nur auch darauf geachtet, worauf sie sich bezieht.

Dem Gegensatz zwischen notwendiger Vielseitigkeit und individuell gewählter Tätigkeit entspricht die Unterscheidung zwischen allgemeiner und beruflicher Bildung, ferner zwischen Erziehungs- und Berufs- oder Fachschulen; vgl. Rein, Päd. i. Grundr. S. 24. Die Scheidung ist jedoch keine ganz strenge, da die Erziehungsschulen mindestens durch ihre Gliederung nach den Hauptarten der späteren Berufsstände auf die Fachbildung Rücksicht nehmen, so daß es reine Erziehungsschulen in Wirklichkeit nicht gibt. Dieses Verhältnis ist in theoretischer, praktischer, politischer und historischer Hinsicht am umfassendsten erörtert in Zillers „Grundlegung zur Lehre vom erziehenden Unterricht“, 1865, 2. Aufl. von Th. Vogt 1884.

Hinsichtlich der zu ergreifenden Mittel hat man sodann oft der Psychologie die Erfahrung als weitere Quelle von Weisungen zur Seite stellen wollen. Doch wird dadurch die Grundlage der Pädagogik nicht breiter. Die Psychologie schließt die Erfahrung und das, was die Geschichte davon nur irgend verzeichnen kann, schon in sich (§ 33, 37); nur aus didaktischer Vorsicht wird z. B. in der Analytischen Beleuchtung § 116 ausdrücklich gesagt, die Anwendung der Ideen setze „Erfahrung, Geschichte und Psychologie“ voraus. Denkt man hinsichtlich der Pädagogik an diejenige Erfahrung, welche der Erzieher im Handeln erwirbt, so liegt die Sache nicht minder klar. Allerdings haben Herbarts Äußerungen darüber, daß die gewöhnliche sog. Erfahrung zu einem weit ausschauenden, planvollen Handeln nicht ausreiche und die „Wissenschaft" das schärfere Auge sei (A P, Einl. 9 ff.), Anstoß erregt. Hier muß man vor allem den Standpunkt einer hochentwickelten Kultur unterscheiden von dem, was für frühere Zeit gültig ist. „Sehr große Erfindungen hatten ihren Ursprung in Zeitaltern, welche noch an keine Theorie dachten; vielmehr ist durchgehends die Theorie das Zweite, die gelingende Praxis hingegen das Frühere." Aph. 7; H 11, 423*). Dürfte man dem gegenüber Niemeyers Behauptung, daß „auf längere Erfahrung alles ankomme," wörtlich nehmen (s. nachher), so läge darin, daß die ganze bisherige Entwickelung noch nicht zu Resultaten geführt habe, die schon etwas gelten, bevor der Einzelne sein Tun beginnt und dabei etwas erfährt. Herbart glaubt die Möglichkeit, freilich auch die Schwierigkeit, solche Resultate genau zu „verzeichnen", zu kennen; A P, Einl. 14; er nennt die besondere Form, welche die Psychologie für die Zwecke der Pädagogik erhalten sollte, „psychologische Pädagogik" und zeichnet das Bild derselben in der Abhandlung „Über die dunkle Seite der Pädagogik" (K 3, 149; H 7, 65) und besonders in Nr. 1 der „Päd. Briefe" (K 9, 341; H 10, 346). Sie sucht die gesamte Möglichkeit, wie ein heranwachsender Mensch unter den Einwirkungen solcher oder anderer Umstände ein solcher oder anderer werde, rein theoretisch zu durchschauen und sagt daher dem guten wie dem schlechten Erzieher gleich deutlich, was er wirke; sie ist für sich allein ohne Zweckbestimmung, aber sie erklärt alles und kann in den Dienst jedes Zweckes treten**).

Aber auch wenn wir diese Wissenschaft besäßen, „niemals würde sie die Beobachtung des Zöglings vertreten können: das Individuum kann nur gefunden, nicht deduziert werden". A P, Einl. 14. Dem, was man schlecht-

*) Vgl. Fr. Franke, Das Verhältnis von Praxis, Theorie und Geschichte der Erziehung. Päd. Studien 1895, 126—162.

**) Die „Psychologische Pädagogik" von Strümpell, 1880, hat diese Gedanken etwas modifiziert.

hin bloß erfahren kann, wird durch das Streben nach Wissenschaft sein Platz gelassen. In der Ps. a. W. (II, Schluß) sagt Herbart: „Ich bin sehr weit entfernt, irgendwelche Teile der Erziehungspraxis im Detail nach psychologischen Grundsätzen allein bestimmen zu wollen. Das Detail hängt immer, unmittelbar und zunächst, großenteils von Beobachtung, Versuch und Übung ab. Der Erzieher muß Gewandtheit besitzen, um sich nach dem Augenblick richten und schicken zu können; er darf sich überall keiner ganz bindenden Vorschrift hingeben. Aber er muß doch im Voraus überlegt haben, was er vornehmen wolle. Er muß einen Plan mitbringen und er muß verstehen zu beobachten." Der obigen Behauptung Niemeyers fügt er das Bekenntnis hinzu, daß seine Allg. Päd. beinahe ebensosehr seinem kleinen Kabinett von sorgfältig angestellten Versuchen und bei sehr verschiedenen Gelegenheiten gesammelten Beobachtungen als seiner Philosophie das Dasein verdanke. A P III 6, 1. Zur Erweiterung dieses „Kabinetts" gründete er in Königsberg ein „pädagogisches Seminar", verbunden mit einem kleinen Pensionat in seinem Hause. Seine Schüler Stoy, Ziller und Rein haben pädagogische Universitätsseminare mit Übungsschulen gegründet. Vgl. Brzoska, die Notwendigkeit pädagogischer Seminare auf der Universität, 1836, rez. von Herbart 1837, in 2. Aufl. hrsgg. von W. Rein 1887.

In demselben Sinne hat Herbart das Verhältnis der Erfahrung zur Wissenschaft und Kunst der Erziehung schon 1802 bei Eröffnung seiner Vorlesungen über Pädagogik behandelt (K 1, 281; H 11, 63); diese Ausführungen mögen noch einen letzten Einwand beleuchten. „Unsere Wissenschaft muß uns eine Kunst lehren" — so lautet daselbst die kürzeste Charakteristik der Pädagogik als Kunstlehre. Aber gegen wissenschaftliche Bestimmungen überhaupt, nicht bloß gegen zu enge, einseitige Bestimmungen hat man oft geltend gemacht, das Handeln nach solchen sei unkünstlerisch und beeinträchtige bloß die persönliche Schaffenskraft. Wird hierbei die oben angedeutete Voraussetzung wirklich gemacht, daß das schaffensfreudige Individuum völlig unbeirrt von Ergebnissen bisheriger Entwickelung sich betätigen dürfe, so richtet sich die Ablehnung in gleicher Weise gegen die normativen und erklärenden Wissenschaften wie gegen Geschichte und Erfahrung; sie macht gegen objektive Weisungen, von welcher Herkunft sie auch sein mögen, das Subjekt geltend. Die Kunstlehren müssen dagegen voraussetzen, das Subjekt wolle objektive Weisungen gewinnen und ihnen folgen, denn die Ergebnisse der seitherigen Entwickelung mißachten hieße hier wie anderwärts nur die Reihe der überstandenen Übel von vorn beginnen. Es steckt aber in dem Einwande der richtige Gedanke, daß zur Ausübung dessen, was uns die Wissenschaft als Gewinn der bisherigen Versuche konzentriert darbietet, im wahren Sinne des Wortes Kunst gehöre*). Darum betont Herbart so oft, die Trennung des erziehenden Tuns in Regierung, Unterricht und Zucht und die weitgehende Spaltung der beiden letzteren Begriffe solle nur dem Nachdenken des Erziehers dienen, die Verbindung der vielen Rücksichten in der Ausübung sei ihm „überlassen“. Im einzelnen, individuellen Falle, sagt die erste Vorlesung über Pädagogik, mit völliger Besinnung auf die wissenschaftlichen Lehrsätze, die wahre Forderung des Falles zu treffen, erfordert ein übermenschliches Wesen. Deshalb „entsteht unvermeidlich in dem Menschen, wie er ist, aus jeder fortgesetzten Übung eine Handlungsweise, welche zunächst von seinem Gefühl und nur entfernt von seiner Überzeugung abhängt“. Dieses notwendige Mittelglied zwischen Theorie und Praxis heißt Takt. Darin liegt der Grund, warum Herbart und seine Schüler in pädagogischer Hinsicht nicht

*) K. Häntsch, Herbarts pädagogische Kunst und von pädagogischer Kunst überhaupt, 1907, faßt diesen Begriff etwas allgemeiner.

die Wissenschaft allein pflegen, sondern auch für rechtzeitige Übung Sorge tragen. „Im Handeln nur erlernt man die Kunst, erlernt man Takt, Fertigkeit, Gewandtheit, Geschicklichkeit; aber selbst im Handeln lernt die Kunst nur der, welcher vorher im Denken die Wissenschaft gelernt, sie sich zu eigen gemacht, sich durch sie gestimmt hatte. Es gibt also — das ist mein Schluß — eine Vorbereitung auf die Kunst durch die Wissenschaft." Kunst ist demnach historisch das Erste wie das Letzte, das A und das O; dazwischen entsteht in langer Entwickelung die Wissenschaft, und ihre Aufgabe ist, mit jedem wichtigen Erkenntnisresultate auch die spätere Kunst auf eine höhere Stufe zu heben.

§ 43. Zucht und Regierung.

Die Erziehung zerlegt Herbart in drei Tätigkeiten: Regierung, Unterricht, Zucht. Daß die erste den beiden andern nicht genau nebengeordnet ist, zeigt schon das Inhaltsverzeichnis der A P. Stoy (Haus- und Schulpolizei, 1856) faßte sie mit der Zucht unter dem Namen Führung zusammen. Damit ist dem Bedürfnis nach klarer Logik genügt; die Terminologie kann der Entscheidung des Sprachgebrauches überlassen werden. Befremdlich dagegen ist es, daß man überhaupt die Ablösung der Regierung von der Zucht oft verwarf, weil man den Begriff der Zucht nicht in seiner Tiefe erfaßte. Da Herbart ferner den Unterricht als Teil der Erziehung ansieht (A P, Einl. 16) und vor der Zucht abhandelt, so hat man nicht selten behauptet, die ganze Erziehung gehe ihm beinahe auf im Unterricht, und das entspreche dem vermeintlichen Intellektualismus seiner Psychologie. Jedoch bedeutet die Voranstellung durchaus nicht versteckte Überordnung; der Erzieher muß nur „immer schon den Unterricht im Auge haben, indem er die Maßregeln der Zucht, die in der Praxis dem Unterricht stets zur Seite geht, zum Gegenstande seines Nachdenkens macht". U § 44. Ferner sagt Herbart 1814 in der Schrift über seinen Streit mit der Modephilosophie, deren zweite Hälfte der Verteidigung der A P galt, das lange 4. Kapitel des III. Buches sei „der höchste Punkt, von wo aus das ganze Buch überschaut sein will". Dieses Kapitel behandelt aber den „natürlichen Gang der Charakterbildung" inmitten der

Lehre von der Zucht, welche, weil sie aus dem angegebenen Grunde der Didaktik nachfolgt, „nun noch einmal das Ganze des Problems behandelt". K 3, 344; H 12, 236. Um diesen Grund einmal auf andere Art fühlbar zu machen, beginnen wir unsere Skizze mit der Zucht oder unmittelbaren Charakterbildung.

Der umfassende Zweck der ganzen Erziehung wurde bereits gefunden in der Tugend oder in der Moralität. Wer sich vornimmt, dafür zu wirken, der setzt Bildsamkeit voraus. U § 1. Darin liegt, daß der Zögling Einwirkungen zugänglich sei, aber die angenommene Bildung auch behalte. K 3, 337; H 12, 226. So „drückt man den Zweck der Zucht durch die Worte aus: Charakterstärke der Sittlichkeit". U § 141. „Welches ist der wahre Mittelpunkt, von wo aus die Pädagogik kann überschaut werden? Es ist der Begriff des sittlichen Charakters, nach seinen psychologischen Bedingungen erwogen." Weil sich jedoch der sittliche Charakter selten einmal deutlich und stark ausgeprägt in der Erfahrung findet, muß man sich die Betrachtung erleichtern „durch die vorbereitende Erwägung eines sehr allgemeinen Phänomens, des Charakters überhaupt. Denn dahin bringt der psychologische Mechanismus die Mehrzahl der Menschen, daß gewisse Hauptbestrebungen sich bei ihnen befestigen, und daß die schwächeren vor jenen als den stärkeren zurückweichen." Dabei verwahrt sich Herbart ausdrücklich gegen „die Übertreibung, als sollte oder könnte der Zögling ganz und gar ein Geschöpf des Erziehers werden, — während die menschliche Seele strenggenommen sogar jede einfache Empfindung aus sich selbst erzeugt, und überdies die Erfahrung, die Familie und der Staat unaufhörlich den Menschen miterzieht". Ps. a. W. II, Schluß. Weil also der Erzieher durchaus nicht allein einwirkt, so ist er gerade durch den Determinismus bescheiden genug, „nicht die ganze Determination in seiner Hand zu glauben" (Aph. 19); „Welt und Natur tun im Ganzen schon viel mehr für den Zögling, als im Durchschnitt die Erziehung zu tun sich rühmen darf". 1. Vorles. über Päd.

Hat nun die Entwickelung ein mannigfaltiges, noch bestimmbares Wollen angesammelt, so findet der werdende Mensch, daß oft ein Wollen das andere will oder nicht will, und lernt allmählich sich selbst beobachten und bestimmen. „Denjenigen Teil seines Wollens, welchen er in dieser Selbstbeobachtung als schon vorhanden antrifft, nennen wir den objektiven Teil des Charakters. Dasjenige neue Wollen aber, welches erst in und mit der Selbstbeobachtung entsteht, muß .. der subjektive Teil des Charakters heißen." U § 143. In jedem der beiden Teile unterscheidet Herbart zwei Entwickelungszustände und bezeichnet sie durch die Ausdrücke: Gedächtnis des Willens, Wahl; Grundsatz, Kampf; ihnen entsprechen die nachstehend genannten vier Arten des Verfahrens der Zucht. Aus A P III, Kap. 5 und U § 160—194 heben wir nun einige charakteristische Punkte hervor.

Dem Kinde fehlt anfangs gewöhnlich die gleichmäßige Art zu wollen, die Herbart Gedächtnis des Willens nennt. Förderlich ist ihm genaue Regelmäßigkeit des täglichen Lebens; absichtliche richtige Mitwirkung heißt haltende Zucht. Sie soll nicht etwa „Räsonnement an die Stelle der Gewöhnung setzen". Nicht alles wird jedoch gleich fest und gleich stark gewollt, es findet Wahl statt; die bestimmende Zucht soll dabei anleiten, aber nicht etwa im Namen des Zöglings selbst wählen, „denn es ist des letztern eigner Charakter, welcher zur Bestimmtheit gelangen soll". Wenn der subjektive Teil des Charakters anfängt sich zu zeigen, tritt die regelnde Zucht hinzu, gewöhnlich im späteren Knabenalter. Dann räsoniert der Knabe für sich selbst und darf darin nicht sich allein überlassen bleiben; stellt er leichthin Maximen auf, so zeige man ihm die Schwierigkeit, darnach zu handeln.

Weil aber das Handeln nach obersten Grundsätzen das Endziel ist, so muß die Zucht in den Kampf der Grundsätze, wo diese es verdienen, unterstützend eingreifen und die keimende Tugend vor trüben Erfahrungen behüten. Im U § 160 ist das weiter gegliedert. a) Sie soll sorgen, daß im ganzen das Gemüt ruhig und klar sei. Leidenschaftliche Aufwallungen sind zu verhüten; die ästhetischen Urteile, welche die Moralität begründen helfen, entstehen nur rein, wenn der Geist zu klarer Auffassung bereit ist. Hier der bekannte Hinweis auf das Erlernen einer schönen Kunst, auf Sammlungen, Papp-, Tischler-, Gartenarbeiten u. s. w. U § 179. Alsdann werden die ethischen Ideen einzeln durchlaufen. Wenn im Umgange Streit entsteht, „so kann Selbsthilfe gegen unerwarteten körperlichen Angriff nicht verboten, vielmehr muß entschlossene Gegenwehr, aber auch Schonung des Gegners empfohlen werden". Der Streit gefällt den Kindern, weil er Kraft zeigt. Aber das „Vergnügen des Zankens" ist nicht zu gestatten, sondern anderwärts Luft zu machen durch gymnastischen oder geistigen „Wettstreit, der nicht Streit ist"; dabei eine Warnung vor absichtlichen Reizungen des mittelbaren Interesses, hinsichtlich welcher das pädagogische Gewissen vielfach noch gänzlich zu schlafen scheint. U § 183; oben S. 135. b) Ist „die ästhetische Beurteilung der Willensverhältnisse hinreichend geweckt: so folgt dann die eigentlich moralische Bildung". Rückblick auf das Betragen des Zöglings während einer längeren Zeit, Erinnerung an das, was auf ihn gewirkt hatte, Unterscheidung des Besseren und des Schlechteren in ihm gibt nun die Grundlage dessen, was Moralisieren zu heißen pflegt und an seiner rechten Stelle durchaus notwendig ist. „Freilich wachsen Menschen genug heran, denen niemals eine ernste Sprache verdienten Tadels ins Ohr gedrungen ist, aber keiner sollte so heranwachsen." Das unbedeutende Tun der Kinder läßt sich vergrößern durch den Hinweis, daß die geringsten Fehler wachsen durch Gewohnheit und daß die zukünftigen Lebensverhältnisse unsicher sind. „Hat man erreicht, daß der Zögling seine sittliche Bildung als eine ernste, wichtige Angelegenheit betrachtet: so kann der Unterricht in Verbindung mit der erwachsenen Weltkenntnis es dahin bringen, daß die sittliche Wärme den ganzen Gedankenkreis des Zöglings durchdringe, und daß die Vorstellung der moralischen Weltordnung sich mit seinen Religionsbegriffen einerseits, mit seiner Selbstbeobachtung andererseits verbinde." c) Zu rechter Zeit soll die Zucht erinnern und Verfehltes berichtigen. „Sehr gewöhnlich schicken sich die angenommenen Grundsätze nach den Neigungen; der subjektive Teil des Charakters nach den objektiven. Während nun dem Unterricht die Aufgabe zufällt, den Irrtum zu berichtigen, hat die Zucht solche Gelegenheiten zu benutzen, in welchen es zum Vorschein kommt, daß die Gedanken von der Neigung waren gelenkt worden. — Hat aber der Zögling schon Vertrauen erworben sowohl für seine Gesinnungen als für seine Grundsätze, so muß die Zucht sich zurückziehen . . . Ist einmal die Selbsterziehung übernommen, so will sie nicht gestört sein." —

Schon aus diesen Hauptsätzen geht hervor, daß die Zucht an bestimmten Stellen auf Resultate des Unterrichts rechnen muß; die Entwickelung derselben aber braucht ebenso ihre Zeit wie die des Körpers. Für diese lange Arbeit, die Erzieher und Zögling miteinander zu tun haben, ist eine begleitende Tätigkeit notwendig, welche für die Arbeit die äußeren Bedingungen herstellt. Herbart nennt dieselbe, einem Gebrauche seiner Zeit folgend, schon als Hauslehrer Regierung. „Abgesehen von der gesamten Ausbildung müssen Kinder ebenso notwendig als Erwachsene den Druck erfahren, welchen jeder Einzelne von der menschlichen Gesellschaft zu erleiden hat; sie müssen in ihren Schranken gehalten werden . . . Der Zweck der Regierung liegt in der Gegenwart, während die Zucht den künftigen Erwachsenen im Auge hat. Die Gesichtspunkte sind daher so verschieden, daß man Zucht und Regierung in der Pädagogik notwendig unterscheiden muß." Doch darf man diese Unterscheidung nicht zu weit treiben. „Regieren ist zwar das erste Nötige, wo ungezogene Kinder Unfug stiften; aber es soll sich wenn möglich mit der Zucht verbinden. Die Trennung der Begriffe dient weit mehr dem Nachdenken des Erziehers, welcher wissen will, was er tut, als daß sie in der Praxis sichtbar werden dürfte". U § 42. 43.

Hinsichtlich der Maßregeln ist es charakteristisch, daß Herbart dem Zuge seiner Zeit entgegen nicht ununterbrochene Aufsicht fordert, ohne sich trotzdem zu denen zu stellen, die „ihre Kinder ohne Aufsicht und — ohne Bildung herumlaufen lassen". Vielleicht, meint er, habe er zu viele üble Wirkungen derselben gesehen, oder er hänge zu sehr an dem Gedanken, „daß Knaben und Jünglinge gewagt werden müssen, um Männer zu werden". Von denen, die unter dem Drucke übertriebener Aufsicht heranwuchsen, „fordere man keine Gewandtheit, keine Erfindungskraft, kein mutiges Wagen, kein zuversichtliches Auftreten; man erwarte Menschen, . . die sich allem entziehen, was hoch und selten, allem hingeben, was gemein und bequem ist"; der Charakter, „welchen einzig das Handeln aus eignem Willen bildet, muß notwendig schwach bleiben oder verschroben werden, je nachdem der Beobachtete minder oder mehr Auswege fand". Für die frühesten Jahre und auf Perioden besonderer Gefahr soll das nicht gelten. A P I 1, 8. 9. Die „Kraftlosigkeit der neumodisch Erzogenen", die Notwendigkeit, in der ersten Periode des Knabenalters „nur vorzüglich Kraft aller Art durch Anstrengung hervorzurufen", ist auch schon dem Hauslehrer bekannt (3. Bericht Abs. 8), und eine Notiz aus späterer Zeit lautet: „Es wäre ein Unglück, wenn ein wilder Schulbube für tolle Streiche gezüchtigt wird und nicht in der nächsten Stunde wieder welche machte; ein Unglück wäre es, wenn der Wille so schwach und biegsam wäre. Dann würde alles, was die Erziehung erreicht hätte, eben so leicht der äußern Umgebung und ihren Eindrücken weichen. Eigensinn ist willkommen; er wird schon gebogen werden können. Nur

Eigennutz und Übelwollen darf nicht gelitten werden." Aph. 187; vgl. A P III 5, 10.

Wie man sieht, hat schon die Erwägung der einen Art von Maßregeln sogleich über die Regierung hinausgeführt, und mit Recht, so gewiß dieselbe sich mit der Zucht verbinden und gegen die Kultur der kindlichen Seele nicht gleichgültig sein soll. Nunmehr treten wir den Diensten näher, welche die Zucht vom Unterricht als mittelbarer Charakterbildung erwarten muß.

§ 44. Aufgabe des erziehenden Unterrichts.

Wenn die Zucht vom Unterrichte bestimmte Dienste erwartet, so denkt sie nur an den eigentlich pädagogischen oder erziehenden Unterricht (S. 136). Denn „bei weitem nicht aller Unterricht ist pädagogisch"; nämlich derjenige ist es nicht, der auf Wissen oder Kunstfertigkeit von bloß relativem Werte gerichtet ist. U § 57. Hingegen sucht der erziehende Unterricht der Person einen absoluten Wert zu geben. Als Unterricht gilt dabei „alles dasjenige, was irgend man dem Zögling zum Gegenstand der Betrachtung macht". Dahin gehört z. B. selbst die Regierung, der man ihn unterwirft; „auch sie wirkt weit mehr durch das Muster einer Energie, die Ordnung hält, wie sie wirken kann durch das unmittelbare Hemmen einzelner Unarten". A P, Einl. 18; vgl. eb. II 4, 11. 13*).

Der letzte Endzweck des erziehenden Unterrichts liegt wie der der Zucht in der Tugend, als der Vereinigung sämtlicher Ideen (§ 24). Bei der Erziehung tritt aber die Idee der Vollkommenheit hervor als die nächste, welche zu beachten ist. In der Vollkommenheit unterscheidet schon die A. pr. Ph. drei Seiten: Energie, Ausbreitung und Verbindung, auch Intension, Extension und

*) Das Gründlichste über solche Erweiterungen des Begriffes Unterricht findet man in Zillers Grundlegung § 5: Umfang des Unterrichts.

Konzentration genannt. In der Pädagogik wird die Energie bezeichnet durch das Wort Interesse, die Ausbreitung durch Vielseitigkeit. „Die Intension der Kraft im Zöglinge ist großenteils Naturgabe; die Konzentration auf einen Hauptgegenstand ist erst im spätern Alter möglich und zweckmäßig; und es bleibt also übrig die Extension oder Ausbreitung der Kraft auf eine unbestimmte Menge von Gegenständen." K 3, 343; H 12, 235. Daher ist Vielseitigkeit das Interesse, das „nähere Ziel" des Unterrichts.

„In Ansehung des Begriffs der Tugend ist zu erinnern, daß zwar Vielseitigkeit des unmittelbaren Interesse, wie es der Unterricht erzeugen soll, noch lange nicht Tugend ist; daß aber umgekehrt, je geringer die ursprüngliche geistige Tätigkeit, desto weniger an Tugend — vollends in der Mannigfaltigkeit ihres möglichen Wirkens — zu denken ist. Stumpfsinnige können nicht tugendhaft sein. Die Köpfe müssen geweckt werden." U § 62—65. Der eigentliche Sinn dessen ist: „Ursprüngliche Rührigkeit und Rüstigkeit im Wollen und Wirken ist die Grundbedingung der Tugend, welche man einem schwachen Stamme nicht einimpfen kann." Enc. § 44. Man hat es jedoch oft angeführt als Beweis dafür, daß nach Herbarts Theorie unterrichtlich mitgeteilte moralische Lehren sich unmittelbar in Tugend des Schülers umsetzten, dabei aber den Hinweis übersehen, daß diese Theorie bis dahin und vollends bis zur Wirklichkeit ihres möglichen Wirkens nach Herbart noch einen langen Weg beschreibt und daß dabei außer dem richtigen Unterricht noch Bedingungen von ganz anderer Art erfüllt sein müssen. An einer bedeutsamen Stelle, Ps. a. W. II, § 152, sagt Herbart dazu, daß Kant mit der allgemeinen Gesetzgebung die Sittlichkeit ganz auf die Spitze einer das ganze menschliche Bewußtsein durchdringenden Reflexion stelle, folgendes: „Die Sittlichkeit ist zwar nicht ganz ein Werk der Reflexion, sondern ein Teil von ihr liegt in natürlichen Gefühlen des Wohlwollens, die sich unmittelbar niemand geben kann; ein anderer Teil ist ursprüngliche Kraft, die man im Menschen, so wie er aus Leib und Seele schon geschaffen dasteht, nur vorfinden und an dargebotenen Gegenständen üben kann; wieder ein anderer Teil ist richtiges ästhetisches Urteil, welches gar nicht vom Abstrakten, sondern von einzelnen wirklichen Fällen anzuheben . . . pflegt; — aber diese einzelnen Faktoren der Tugend sind noch nicht die Tugend selbst; sie bedürfen noch, gesammelt, geläutert, gesichert, durch Maximen, durch Grundsätze, durch Übung, durch Anstrengung festgestellt zu werden; daher ist die Kultur nicht gleichgültig für das Moralische, vielmehr ist sehr gewiß, daß man wenigstens die Reife der Tugend nur bei dem Menschen suchen kann, dessen Blick sich ins Allgemeine ausbreitet und nicht mehr von den ersten, niedrigsten Bedürfnissen eines kümmerlichen individuellen Daseins verdüstert wird. Überdies, wo kein feines Gefühl, da ist auch keine Tugend; da steht es schlecht auch um jene ersten Faktoren derselben, die zwar der Reflexion nicht das Dasein, aber doch Schutz verdanken gegen eine Roheit und Wildheit, der sie sonst zu unterliegen pflegen."

Die Unterrichtslehre muß hier vor allem anknüpfen an das feine Gefühl, das schon oben als erste und dauernde Voraussetzung ethischen Geisteslebens zu erwähnen war (S. 71); denn das nähere Ziel des Unterrichts erhält dadurch gegenüber jedem wohl oder übel angeeigneten Wissen und Können ein wesentliches Merkmal. „Es gehört schon viel dazu, irgend ein Wissen zur Gelehrsamkeit zu steigern; aber es gelingt noch weit schwerer, daran die Charakterzüge eines Menschen zu befestigen. Hierzu ist nötig, daß das Gelernte zugleich empfunden sei, und daß sehr große Massen des Gelernten eine tiefe Gesamtempfindung bewirken, mit welcher sich eine logische Ausbildung von Begriffen, Maximen und Grundsätzen verbinden muß." Enc. § 105; dazu A P II 4, 11—15.

Damit hängt das ästhetische (nach S. 71 meist nicht gleich moralische) Urteil über Willensverhältnisse zusammen. Es muß, wenn die unterstützende Zucht die „eigentlich moralische Bildung" beginnen soll (S. 143), „teils durch den Umgang der Kinder unter sich, teils durch Beispiele, teils durch den Unterricht" hinreichend geweckt sein. U § 188. Aber es „pflegt sich anfangs sehr sparsam und flüchtig zu zeigen". U § 25. „Die natürliche Verspätung des ästhetischen Urteils ist der allgemeinste Grund der sittlichen Roheit", weil Begierden, Klugheit, Eigennutz „den Vorsprung gewinnen. Die Sophisten lehrten früher als Sokrates." 8. Brief üb. Freih. des Willens; vgl. U § 306. Daher will Herbart die eigentlich moralische Bildung lange vorher vorbereiten durch eine „mehr umherblickende" Moral (3. Bericht an Steiger, Abs. 9), durch ein „Umherleiten in allerlei Empfindungen"; daher stellt er Homer, Herodot u. s. w. möglichst weit in den Anfangsunterricht. „Dieser Gang bezweckt Vertiefung des Gefühls, Hineinfühlen in menschliche Charaktere, Verweilen des Herzens bei einfachen Begriffen, damit die vielfach zusammengesetzten unserer Zeit auch nachher vielfache Wirkung hervorbringen mögen" (4. Ber., 9). Tun sie — in Verbindung mit den andern Faktoren — diese Wirkung, so heben sich nach natürlichen Gesetzen bei dem werdenden Menschen „aus allen wechselnden Gemütslagen gewisse bleibende Gefühle hervor, die . . in seinem Verstande und in seiner Vernunft als das eigentlich Entscheidende sich geltend machen". Insbesondere bestimmt jeder sein Verhältnis zu der Welt nach seiner „ästhetischen Auffassung" derselben. „Dahin gehört der Eindruck, welchen Familie und Vaterland, Menschheit und Menschengeschichte auf das Individuum macht, und aus allem, was ihm daran unwillkürlich gefällt oder mißfällt, setzt sich dieser Eindruck zusammen. Deshalb wirkt alles dasjenige nachteilig auf den Charakter, was den Menschen hindert, klar zu sehen und unbefangen zu urteilen." Lb. z. Ps. § 82

[124]. Auf dem langen Wege sind mancherlei hinderliche Zufälle möglich, denn der Erzieher hat nicht die ganze Determination in seiner Gewalt. Hat aber ein richtiger Unterricht seine volle Wirkung tun können, so wird endlich die eigentlich moralische Beurteilung des Willens die entscheidende Stelle erhalten; darin zeigt sich zugleich, welche Stellung Herbarts Determinismus zur Frage der Freiheit des Willens im letzten Grunde einnimmt. „Es ist möglich, den Charakter nach derjenigen unfehlbaren und sich immer gleich bleibenden Beurteilung zu bilden, welche das Sittliche vom Unsittlichen scheidet. Je mehr in dieser Hinsicht eine frühzeitige Erziehung vorgearbeitet hat, desto weiter reicht in der Folge die Selbsterziehung. Es gibt demnach eine Selbstbestimmung, die man auch Freiheit nennen darf; eine Fähigkeit nämlich, sich über manche Wirkungen des psychologischen Mechanismus ebensowohl, als über die Aufregungen von außen, zu erheben." K 4, 223; H 1, 355.

So weit dürfte in dieser Theorie der moralischen Bildung niemand Intellektualismus finden wollen. Da aber die Tugend zum Wirken weltlicher Macht bedarf (S. 126), so tritt neben den Geschmack als zweiter „Herrscher des Lebens" die theoretische Erkenntnis oder Spekulation. A P II 6, 15. Auch diese wächst nur langsam heran und bedarf Zeit, ehe sie sich, wie es zur Reife der Tugend gehört, „ins Allgemeine ausbreitet".

Beide Seiten der Bildung faßt Herbart zusammen unter dem Namen Gedankenkreis. A P, Einl. 16. Auch hierin hat man eine rein intellektuelle Leitung des Willens erblicken wollen, dabei aber die ästhetisch-moralischen und gefühlsmäßigen Elemente des „Gedankenkreises" übersehen; das ist das Seitenstück zu der Mißdeutung des Ausdruckes Vorstellung (§ 35). „Das Rein-Positive der Sittlichkeit" (die ethischen Ideen) „gehört ganz dem Gedankenkreise an; es hängt ganz ab von dem, was den Gedankenkreis bildet." Es wächst zwar niemand unter Menschen auf, dem gar nichts von dem Werte der verschiedenen Willensverhältnisse ins geistige Auge fiele; aber was so zufällig entsteht, ist bald nicht rein, bald nicht vollständig, bald nicht kräftig genug; die Zucht muß von dem absichtlichen Unterrichte wenigstens gewisse Verbesserungen erwarten. A P III 4, 34 ff. Allgemeiner kann man sagen: Daß wir uns von den Anfängen der Kultur schon weit entfernt haben und noch höhere Endziele kennen, ergibt die Notwendigkeit des erziehenden Unterrichts für die Nachwachsenden. Der persönliche Erzieher muß sich dabei sagen, „daß nicht er, sondern die ganze Macht alles dessen, was Menschen je empfanden, erfuhren und dachten, der wahre und rechte Erzieher ist . . Das ist das Höchste, was die Menschheit in jedem Moment ihrer Fortdauer tun kann, daß sie den ganzen Gewinn ihrer bisherigen Versuche dem jungen Anwuchs konzentriert darbiete; sei es als Lehre, sei es als Warnung." A P Einl., 6—8. Damit aber Lehre und Warnung nicht umsonst seien, muß die Zucht, nachdem sie zunächst so viel Kraft wie möglich hat erwachsen lassen (S. 145), dieser allmählich die Lehren und Warnungen zu Gegenständen des Handelns machen und Versuche bis zum Gelingen unterstützen. Ästh. Darst. Abs. 25. „Zucht ist Sorge, daß die Ideen gerade mitten im Tun die Leitsterne werden." Aph. 191; vgl. A P I 2, 14.

§ 45. Methode des erziehenden Unterrichts.

Die vielfache, innige Verflechtung der pädagogischen Überlegungen hat Herbart in der Allg. Päd. dadurch sichtbar zu machen gesucht, daß Begriffe erst einzeln klar gemacht und dann mehrere Einteilungen desselben Begriffes kombinatorisch mit einander verbunden werden (§ 9). Willmann hat in diesem Aufbau die Ursache einer gewissen „Dunkelheit" für viele erblickt (seine Abhandlung s. S. VIII), selbst aber geurteilt, dem Buche gebühre in der Geschichte der Pädagogik, der Philosophie und der Literatur eine Stelle (Herbarts Päd. Schr. I, 315). Wir suchen diesen Aufbau hinsichtlich der Didaktik kurz darzulegen, weil dadurch auf manche Streitfrage Licht fällt.

Man denke bei dem Worte Unterricht nach alter Weise an die Überlieferung des Inhaltes der Fachwissenschaften, der wohl oder übel in den Besitz des Schülers gelangen muß. An dem Ziele will, wie oben gesagt, Herbart im ganzen nicht rütteln, macht aber über den Weg folgendes geltend.

Schon längst, ehe die Fachwissenschaft durch den Unterricht an den Schüler kommt, hat das Leben durch die Erfahrung vieles vor die Sinne gebracht und durch den Umgang mit beseelten Wesen vieles empfinden lassen, und dieses Erleben geht auch während der Unterrichtsjahre immer fort. Vergleicht man, was beide in den Geist bringen, so kann man sagen: Was in dem wissenschaftlichen Systeme beisammen steht (z. B. sämtliche Korbblütenpflanzen), das ist im Leben zeitlich und räumlich zerstreut und würde gewöhnlich niemals vollständig zusammen kommen; und umgekehrt, was im Leben beisammen ist, räumlich oder zeitlich (z. B. die sämtlichen Pflanzen einer Wiese), das zerstreut die Wissenschaft nach ihrer Art in sehr verschiedene Fächer.

Nun sagt Herbart mit Zeitgenossen und Vorgängern, der erziehende Unterricht müsse in erster Linie darauf sehen, was der werdenden Person des Zöglings dienlich ist. Daraus folgt dann, daß anfangs und so lange, wie es nötig ist, der Unterricht nicht schon das Wissen in alle Fächer spalten und dem Gange des Systems folgen dürfe, sondern das Leben nachahmen müsse. Jedes Element des Erlebten ist ausgestattet mit Gefühlswerten, geht in die Phantasie über, wird häufig reproduziert und erlangt dadurch eine Stärke und Bedeutung, die etwas an das Gemeingefühl erinnert. An dieser inneren Macht darf der Unterricht im Hinblick auf sein nächstes Ziel, das Interesse, nicht vorübergehen.

Auf der andern Seite kann der Unterricht nicht verkennen, daß in den Fachwissenschaften wirklich die beste Ordnung des Gewußten als Erzeugnis langer Arbeit vorliegt und daß auch das Wissen des Zöglings, je mehr es zunimmt, um so mehr von selbst nach jener Ordnung drängt und sie als eine Wohltat empfinden lernt. Folglich führt das Interesse von selbst allmählich zu den Fachwissenschaften hin, und so wird auch der Gang des Unterrichts dem der Fachwissenschaft immer gleichartiger.

Denkt man an dieses Endziel schon bei jedem früheren Schritte, so lassen sich folgende Stufen unterscheiden. Etwa der Löwenzahn, mit dem Kinder häufig spielen, werde zuerst für sich allein in angemessener Weise betrachtet = Klarheit. Irgend einmal später werde die Ähnlichkeit der Habichtskräuter mit dem Löwenzahn bemerkt, und es entsteht eine Assoziation. Bei weiterem Wachsen kommen allmählich die nicht so sinnfällig ähnlichen Verwandten dazu, die Betrachtung erweitert und verfeinert sich, und es entsteht eine umfassende Übersicht = System. Jede Übersicht kann als Erkenntnismittel oder für praktische Zwecke gehandhabt werden = Methode. — Diese Reihe läßt sich je nach den Umständen ins Kleine und Kleinste wie ins Große und Größte modifizieren. Das kleinste Gebiet fachwissenschaftlicher Bestandteile, in dem die Stufen sich durchlaufen lassen (z. B. zwei nahe verwandte Naturkörper), nennt Herbart eine „kleinste Gruppe", ein „kleinstes Glied". A P II 4, 22—24. — Nunmehr folge die etwas aus dem ganzen Reichtume herausgeschälte Übersicht. Außer den Hinweisen der Ausgaben vgl. man v. Sallwürk in Schmids Gesch. d. Erz.

I. Nach dem Verhältnis zu dem Gedankenkreise des Zöglings bearbeitet der analytische Unterricht (A) den Gedankenkreis, der durch Erfahrung und Umgang schon gegeben ist; der synthetische Unterricht (B) erweitert denselben, indem er „aus eigenen Steinen baut".

II. Nach den Richtungen des gleichschwebenden vielseitigen Interesses soll der Unterricht fördern die Erkenntnis, und zwar die empirische (a), spekulative (b) und ästhetische (c); und er soll pflegen die Teilnahme, nämlich die sympathetische, d. h. auf den Einzelnen gerichtete (d), gesellschaftliche (e) und religiöse (f). Bei allen 6 Richtungen des Interesses kann der Unterricht analytisch und synthetisch sein, sodaß sich 12 Glieder ergeben:

Aa, Ab, Ac, Ad, Ae, Af — Ba, Bb usw. Aa bezeichnet analytischen Unterricht, der Dinge und Ereignisse bloß zergliedert, Bb synthetischen Unterricht, wobei der Lehrer neue Elemente gibt und spekulative Resultate erstrebt usw. Es lohnt sich, hier und weiterhin für jedes Glied Beispiele zu fixieren.

III. Nach dem Wesen der Vielseitigkeit ist zu unterscheiden einerseits Vertiefung und Besinnung, anderseits Ruhe und Fortschritt. Ruhende Vertiefung gibt Klarheit des Einzelnen (α), fortschreitende Vertiefung gibt Assoziation des Einzelnen (β); ruhende Besinnung bringt das Einzelne in feste Ordnung oder System (γ), fortschreitende Besinnung durchläuft und erweitert dasselbe = Methode (δ). Die 4 entsprechenden Unterrichtstätigkeiten nennt Herbart: zeigen, verknüpfen, lehren, philosophieren. Diese dritte Einteilung wendet er nicht auf alle vorigen Glieder an, sondern nur auf die 6, welche die Erkenntnis betreffen, und es entstehen nun 24 Glieder: Aaα, Aaβ bis Bcδ. Aaα ist das Zeigen von Dingen und Ereignissen aus der Erfahrung des Zöglings, Acβ das Verknüpfen von Elementen des Schönen aus der Erfahrung desselben, Bbγ das systematische Zusammenfassen von spekulativen Ergebnissen aus Elementen, die der Lehrer gab.

IV. Nach dem Wesen des Interesses ergeben sich die Stufen des Merkens und Erwartens, welche sich fortsetzen in den beiden Stufen des Begehrens: Fordern und Handeln. Die hieraus erwachsenden Aufgaben wendet Herbart nun an auf die 6 Glieder, welche die Teilnahme betreffen. Dieser Unterricht soll also sein: anschaulich (α') zur Förderung des Merkens, kontinuierlich (β') für das Erwarten, erhebend (γ') zur Ausbildung des Forderns, in die Wirklichkeit eingreifend (δ'), also zum Handeln hinleitend. Also entstehen wieder 24 Glieder Adα', Adβ', bis Bfδ'. Beδ' ist eine synthetische Besprechung über die menschliche Gesellschaft etwa mit Bezug auf den künftigen Beruf des Zöglings.

Die Lehre von der Zucht war ursprünglich für die A P ganz parallel der Didaktik angelegt, wie Bruchstücke aus dem Nachlaß beweisen; über den Grund vgl. A P III 1, 11. Im ganzen entsprechen sich die Kapitel und die Begriffsreihen auch jetzt noch; man betrachte z. B. neben einander:

Vielseitigkeit	Charakter
Vertiefung — Besinnung	objektiver — subjektiver
Klarheit, Assoziation — System, Methode	Gedächtnis, Wahl des Willens — Grundsatz, Kampf
zeigen, verknüpfen — lehren, philosophieren	halten, bestimmen — regeln, unterstützen

Aber die tabellarische „immer undeutliche Skizze der Verflechtung jener Begriffe" blieb bei der Zucht weg; das „gliederweise" Durchdenken wird „den eben in der Ausübung begriffenen Erziehern überlassen". A P III 6, 4. Noch freier bewegt sich, wie sich schon oben bei der Zucht zeigte, der „Umriß".

Jedes der obigen 2 mal 24 Glieder ist ein didaktischer articulus, der mit den andern zusammen den Organismus des Unterrichts bildet. Das 5. Kapitel des II. Buches gibt dann eine tabellarische Skizze der „unabsehbaren Aufgabe", welche aus der gehörigen Verflechtung der „wenigen allgemeinen Begriffe" entstehen muß. Bloß auf vorstehende Übersicht zurückblickend, muß man zweierlei festhalten. Erstens setzt der Unterricht, indem er eine Menge noch wenig verbundener Elemente dem systematischen Zusammenhange langsam entgegenführt, bei der Arbeit in einem bestimmten Zeitpunkte einen anderen, nicht vom Systeme herrührenden Zusammenhang voraus. Dem reinen Erleben, das die „Verstandesübungen" zerlegen, durch Vergleiche klären, benennen usw. (U § 112 ff.), ist ähnlich die Lektüre der Odyssee, womit Herbart den griechischen Unterricht sogleich begann und nun allmählich die Fächer der Grammatik ausfüllen mußte, während man sonst gerade umgekehrt verfährt. Zweitens beziehen sich die Anweisungen, welche in den Reihen Klarheit, Assoziation usw. liegen, auf einzelne Bestandteile des jeweiligen Unterrichts, welche den systematischen Zusammenhang, dem sie zugeführt werden sollen, meist erst nach längerer Zeit erreichen. Also liegt in diesen Reihen nicht die vollständige Anweisung oder das Schema für die ganze Behandlung eines bestimmten Lehrabschnittes; was vielfach dafür gilt, ist eine notwendige, aber spätere Ergänzung der Lehre Herbarts.

Bei der Verhandlung über Willmanns Abhandlung hat Ziller bereits 1875 allgemein geltend gemacht, die gehörige Überlegung müßte vorausgegangen sein, aber die Ausführung sei Sache der „kunstgerechten Praxis". Jahrb. f. wiss. Päd. 7. Dabei erklärt es Ziller für einen Fehler Herbarts, daß er den analytischen Unterricht in einem selbständigen Gange darzustellen suche; das Analytische sei ja abgesehen von den frühesten Elementen „ursprünglich selbst synthetisch", d. h. dem Schüler einmal neu gewesen. Nun suchte Ziller eine zusammenhängende Anweisung für den einzelnen Lehrabschnitt und fand sie, indem er Herbarts vier Stufen der Klarheit usw. auf ein kleineres Lehrstoffganzes bezog, welches er „methodische Einheit" nannte. Hierbei wurde auch der „analytische Unterricht" nur auf das bestimmte Stoffganze bezogen und der Synthese oder Darbietung des Neuen regelmäßig vorausgeschickt, so daß die Durcharbeitung einer Einheit in fünf „formalen Stufen" verläuft. Daß diese Theorie ihrer Absicht nach eine Fortbildung der Lehre Herbarts, nicht eine richtige oder falsche Interpretation derselben ist, zeigt am klarsten G. Glöckner im 24. Jahrb. f. wiss. Päd., 1892. E. Wilk hat sodann z. B. auf Galileis discorsi hingewiesen, die denselben Gang innehalten (Jahrb. 27, 82 bis 139); Paul Barth hat in den eingehenden Erörterungen seiner „Elemente der Erziehungs- und Unterrichtslehre" (2. Aufl. 1909) über die Unterrichtsmethode beispielsweise in Schillers Abhandlung über Anmut und Würde „eine vollständig durchgeführte Probe der Formalstufen" nachgewiesen. So befestigt sich allmählich der Gedanke, daß das Schema einen natürlichen Prozeß festhält, den man aber, um sich vor Mißbrauch zu hüten, in hinreichender Tiefe erfaßt haben und in künstlerischer Freiheit zum Ablauf bringen muß. Der neueren Ansicht, daß eine psychologische Norm, wie die formalen Stufen wirklich sein wollen, den Forderungen der Fachwissenschaften und der Logik nicht Genüge tue, ist entgegenzuhalten, daß die psychologische Norm für die jeweilige Entwickelung das Mögliche zu bestimmen sucht und daß die Pädagogik als angewandte Wissenschaft sich solchen Bestimmungen unterwirft, ohne damit der Logik als allgemeiner Norm und den Fachwissenschaften zu nahe zu treten. Der Verf. weist hin auf seine drei Aufsätze in den Pädagogischen Studien von M. Schilling, Jgg.1903, 1906, 1908.

Was in Herbarts „formalen Begriffen" (A P II 3, 1; 4, 21) für ganze Perioden in der Entwickelung des Zöglings gelten sollte, das mußte Ziller auf andere Weise zu fassen suchen und hat namentlich die kulturgeschichtliche Anordnung des Unterrichts weiter ausgebildet. Herbart unterschied schon als Hauslehrer im Unterricht „zwei nebeneinander fortlaufende Hauptfäden, einen für den Verstand, den andern für die Empfindung und die Einbildungskraft", 4. Ber. an Steiger; das zweite Gebiet nennt er später „Dinge des Gefühls" und rechnet dazu: „Geschichte, Moral, Religion, — alles, was die Menschheit betrifft". A B C der Ansch., Einl. IV. Nur für dieses zweite Gebiet, das er sonst immer als erstes anführt, verlangt er Anschluß an die geschichtliche Entwickelung, und das äußert sich, da er hierbei gewöhnlich nur den höheren Unterricht im Auge hat, in der Auswahl und Anordnung der altklassischen Lektüre. Den geschichtlichen Gang auch bei den „bloßen Verstandeswissenschaften" Naturkunde und Mathematik anzuwenden findet Herbart „ungereimt"; Lehrpl. für höh. Studien, 1801. Bei Ziller erhielt die kulturgeschichtliche Entwickelung auch auf diese Fächer Einfluß. Doch hat man mit Recht behauptet, die sog. Zillerschen Kulturstufen seien keine Kulturstufen; denn bloß weil ein fremdes oder das eigene Volk geschichtlich einen bestimmten Weg gegangen ist, soll der Unterricht diesen Gang nicht nachbilden, sondern es müssen erst psychologische Überlegungen zu der bloßen Tatsache hinzukommen. Vgl. Rein, Päd. i. Grundriß; dessen Päd. in syst. Darst. Bd. II; Capesius, Einzelentwickelung und Gesamtentwickelung, in Reins Enc. Handb.

Zu dem geschichtlichen Hauptfaden des Unterrichts gehören auch die Sprachen. Für Herbarts Stellung zur klassischen Philologie genügt es, darauf hinzuweisen, daß Dissen, Thiersch, Ellendt u. a. seine Schüler gewesen sind und Lobeck ihm nach seinem Tode in Königsberg noch eine Lobrede gehalten hat. Sein Interesse an derselben war aber sachlicher Art. „Philologie ist wesentlich Anknüpfung der heutigen Bildung an die alte, Fürsorge, daß der Boden der Kultur festliege; also Abwehr neuer Verirrungen. Daher ist Philologie nichts ohne Geschichte. . . Anders ist das Verhältnis der alten Sprachen und Autoren zur Jugend, die noch keinen Zeitstempel erhielt. Dies ist das rein pädagogische." Aph. 123; bei Willmann II, 470. Aus jenem allgemeinen Grunde „müssen alle historischen Fäden, an denen wir die Herkunft unserer Kultur rückwärts verfolgen können, aufs behutsamste festgehalten werden, damit sie uns nicht entschlüpfen. Täte dies keine andre Nation, so müßte es die deutsche für sich und für die andern tun; denn geschehen muß es durchaus". Enc. § 112. Diese Art, das von den Alten hinterlassene Erbe anzusehen, entspricht der Lehre, daß der Unterricht in allem, „was die Menschheit betrifft", dem wirklichen Werden der Kultur nachgehen müsse. Dem werdenden Menschen die werdende Kultur! Eine notwendige Folge davon ist, daß die Griechen den Römern vorangehen, also Homers Odyssee die erste klassische Lektüre bildet.

Die umfassendste Übersicht über diese Materien gibt Willmanns Inhaltsübersicht am Schlusse der Päd. Schr. Vgl. ferner Willdann, Die Odyssee im erz. Unt., 1868; G. Budde, Der Einfluß Herbarts und seiner Schule auf die Entwickelung des fremdsprachlichen Schulunterrichts, Jahrb. f. wiss. Päd. 41, 1909. Die Einzelarbeiten des Vereins verzeichnet das Syst. Inhaltsverzeichnis zu den Jahrbüchern in Reins Enc. Handb. 1. Aufl. 7. Bd, 2. Aufl. 9. Bd., im Sonderdruck 1909.

Mit dem philologischen Unterricht ist die philosophische Propädeutik (S. 93) eng verbunden, denn sie nimmt für Herbart ihren bestimmten Anfang bei der Lektüre der philosophischen Schriften Ciceros und der leichteren Platos. Vgl. über den Unt. in d. Philos. auf Gym. 1821. Das System der Philosophie (System im Sinne der oben genannten Stufen) ist der Schlußstein des Unterrichts, A P II 6, 15; die Philosophie ist die eigentliche Vollenderin der Erziehung, ABC der Ansch.,

Einl. IV. Der besondere Unterricht muß davon ausgehen, daß Philosophie in allen Wissenschaften enthalten ist (S. 9); weiteres Licht erhält die Aufgabe durch die Tatsache, daß das Zusammengesetzte zuerst da ist (S. 59).

Herbarts häufige Bemerkungen hat wiederum Willmann a. a. O. vollständig verzeichnet; aus späterer Zeit nennen wir einige ausgeführte Versuche. Eine Hinführung auf Herbarts ethische Ideen im Unterricht des Gymnasiums und auf der höhern Bürgerschule gab K. Mager in dem Werke: Die genetische Methode des schulmäßigen Unterrichts in fremden Sprachen und Literaturen, Zürich 1886, S. 359 ff. Aus der Psychologie im Lehrerseminar behandelte K. Just das Gedächtnis, die Affekte und die Leidenschaften, Päd. Studien 1880, 4. Heft; derselbe zeigte am Beispiel der Definition, wie die Logik als Schulwissenschaft anzufassen sei, damit der Lernende sich der Evidenz wie der Unentbehrlichkeit der logischen Lehren selbsttätig bewußt werde, Jahrb. f. wiss. Päd. 15, 1883.

§ 46. Erziehung und Gesellschaft; Geschichte.

Die Pädagogik, wie sie den Grundzügen nach bisher beschrieben worden ist, hat man von gewisser Seite tadelnd als Individualpädagogik bezeichnet, allgemeiner aber hat man darin einen Mangel an historischem Sinn gefunden. Beides hängt im wesentlichen zusammen, und gegen beides spricht es schon, daß der Inhalt des erziehenden Unterrichts als Ergebnis der ganzen Menschheitsgeschichte aufgefaßt wird. In § 37 ist auch bereits darauf hingewiesen worden, wie die Psychologie ihre Untersuchungen und Erklärungen auf die Gesellschaft ausdehnt und durch die Geschichte ergänzt. Mit deutlicher Wendung zur Pädagogik sagt Herbart 1821 in dem Vortrage „Über Menschenkenntnis im Verhältnis zu den politischen Meinungen“: Es „muß die Summe von allgemeinen Bemerkungen über den Menschen, welche man Psychologie nennt, sehr notwendig durch Geschichte ergänzt und berichtigt werden. Nämlich kein Mensch steht allein, und kein bekanntes Zeitalter beruht auf sich selbst; in der Gegenwart lebt die Vergangenheit, und was der

Einzelne seine Persönlichkeit nennt, das ist selbst im strengsten Sinne des Wortes ein Gewebe von Gedanken und Empfindungen, deren bei weitem größter Teil nur wiederholt, was die Gesellschaft, in deren Mitte er lebt, als ein geistiges Gemeingut besitzt und verwaltet." Gewöhnt man sich also, „nie die Auffassung des Einzelnen allein für vollständig zu halten, sondern ihn stets mit seiner Umgebung und in seiner Zeit zu betrachten", so muß in jedem Menschen zweierlei unterschieden werden. Eine ihm eigentümliche Form besteht in dem Temperament und in dem durch keine Erziehung und keine Schicksale abzuändernden Rhythmus der geistigen Bewegungen. Hingegen eine auf ihn zufällig übertragene Masse von Vorstellungen „kommt ebenso gewiß wie die Muttersprache von außen und würde mit einer andern vertauscht werden, wenn wir das neugeborene Kind des Engländers nach China, das des Chinesen nach Paris verpflanzten". K 5, 16. 35; H 9, 186. 213.

Aber über das hinaus, was Herbart hiermit über den Einfluß der Umwelt, der Gegenwart und Vorzeit seiner zu solcher Auffassung nicht immer geneigten Zeit vorhält, hat man behauptet, der aus seiner Ethik abgeleitete Zweck seiner Erziehung zeige einen individualistischen Zug. Herbart bezeichnet auch wirklich die Pädagogik als die „Verbindung praktischer Philosophie, sofern sie sich auf den einzelnen Menschen bezieht, mit Psychologie und Erfahrung". Anal. Beleuchtung § 169. Aber die Fortsetzung dieser Betrachtungen führt zu dem Ergebnis, daß „Politik und Pädagogik auf derselben Grundlage beruhen". Der Parallelismus zwischen beiden, der hiermit behauptet und a. a. O. durchgeführt wird, „ist nicht bloßer Luxus der Theorie, sondern er verdient Beachtung in allen Fällen, wo die Erfahrung entweder im kleinen Kreise deutlicher hervortritt als im großen oder umgekehrt". Dazu gehört die genauere Erklärung, daß die Pädagogik „unmittelbar" auf den ursprünglichen praktischen Ideen, die Politik aber unmittelbar auf den abgeleiteten Ideen beruht. Einl. § 91 [106]. Hieraus ergeben sich zwei Arten von mittelbaren Beziehungen. „Der Erzieher ist nicht Staatsmann; seine Wirkung ist desto richtiger, je mehr sie zunächst auf Individuen, mittelbar aber auf das Ganze geht", Rez. der Erz.-Lehre von Schwarz, Abs. 9; und umgekehrt bei der Politik. Wie ernst es Herbart mit den mittelbaren Aufgaben nimmt, davon ließe sich eine Menge von Zeugnissen anführen. „Das pädagogische Interesse ist nur eine Äußerung unseres ganzen Interesse für Welt und Menschen, und der Unterricht konzentriert alle Gegenstände dieses Interesse da, wohin sich unsere gescheuchten Hoffnungen endlich retten: in den Schoß der Jugend; welcher der Schoß der Zukunft ist." A P II 4, 15; vgl. auch daselbst 2, 1; 5, 28; 6, 19. 24. Der Erwachsene bedarf schon aus rein psychologischen Gründen des Blicks auf die Zwecke der Gesellschaft. Man kann es „nicht tadeln, daß der Mensch den Zusammenhang seiner Pläne durch den Begriff seiner Bestimmung, und diesen gemäß seiner Idee der Gesellschaft festsetze. Denn wie notwendig auch die moralische Beherrschung seines Innern, sie ist ihm als Hauptgeschäft zu klein. Der einzelne Mensch ist in seinen eigenen Augen, so wie er sich als irdisches gebrechliches Wesen kennt, losgetrennt von der Gesellschaft zu wenig, zu gering. Er bedarf mindestens der Familie; aber auch sie füllt nicht seinen Gesichtskreis. Hingegen seine gesellige Bestimmung ist der höchste Zielpunkt, den er noch deutlich sehen kann; diesen nicht zu sehen, wäre Beschränktheit." Lb. z. Ps. § 245 der 2. A. Blickt man auf die zu erziehende Jugend, so „entscheidet sich nach dem, was der Mensch gelernt hat, großenteils die Frage, welcher Gesellschaft er angehören könne. Auch für die Empfindung, womit er ursprünglich sein Wissen auffaßte (S. 148), schwach, wie sie sein mag, findet sich in den geselligen Zirkeln der Resonanzboden. Und so geschieht es, daß die Kenntnisse im Ganzen eine entscheidende Wirkung tun, die bei den

Einzelnen nicht planmäßig erreicht werden konnte." Auch mit Rücksicht darauf gehört also der Unterricht zu den stärksten pädagogischen Kräften. Enc. § 106.

Diese mittelbaren Zielpunkte, nach welchen die Menschen später auseinander gehen, sollten sich jedoch bei der Erziehung so spät als möglich geltend zu machen. „Denn es ist der höchste Vorteil der Erziehung, lange allgemein zu bleiben; und der höchste Vorteil wahrer Gesellung, Menschen zu besitzen, die mehr seien als die Hüter ihrer Posten. A. pr. Ph. II 11. Dem entsprechen freilich die Tatsachen wie die Meinungen und Interessen nicht immer, und man darf „die Erziehungskunst nicht für eine freiere Kunst halten, als sie wirklich ist. Allemal werden politische Meinungen und Absichten Einfluß auf sie ausüben; denn wenn auch der Staat selbst noch so ruhig ist, so suchen dennoch viele sich dadurch wichtig zu machen, daß sie ihrer Ansicht vom Erziehungswesen, wie auch dieselbe beschaffen sei, eine politische Bedeutung beilegen; und andere schätzen das Werk der Jugendbildner nur insofern, als Tüchtigkeit für Staatsdienst, oder wenigstens Fügsamkeit im Staatsverhältnis und Geschick, dasselbe zu benutzen, dadurch gewonnen wird." Damit haben die Erzieher, „welche im Ernst das Gute, ja das Beste wollen", immer zu rechnen; manche Zeiten aber machen geneigt, die ganze Erziehung in ein Wirken für politische Zwecke zu verwandeln. „Zu der Zeit des Napoleonischen Drucks verbreitete sich ein lebhafter Eifer für die Jugenderziehung aus politischen Gründen." Enc. § 101. Es war die Zeit, von der Harnisch sagte, daß der Lebenshauch der Behörde wie der Geist Gottes über dem Volke wehte. Herbart wies zuerst 1810 auf die Gefahren solcher Bestrebungen hin in dem Vortrage: Über Erziehung unter öffentlicher Mitwirkung. Nachdem er Xenophon und Plutarch, Fichte und Pestalozzi als Vertreter politisierender Pädagogik genannt, sagt er: „Man traut mir zu, so darf ich glauben, daß weder die Gefühle, noch die Gründe mir fremd sind, von denen jene Meinung getragen wird." In dem 3. Briefe über Anwendung der Psychologie auf Pädagogik (1831) nennt er Fichte, der im gefahrvollen Augenblick den Mut hatte, irgend einen Vorschlag zur Rettung der Nation laut und nachdrücklich zur Sprache zu bringen, „ehrwürdig", sein Bestreben und Wirken „ruhmwürdig". Aber hier wie dort und ebenso in dem Bruchstück über Fichtes pädagogische Ansichten (Über das Verhältnis des Idealismus zur Pädagogik) erhebt er seine Stimme gegen die Ausschaltung des Familiengeistes aus der Erziehung, nicht weil er gegen das Ziel Einwände hätte, sondern weil das Mittel nicht dazu führen würde. „Daß es dem Staate vorteilhafter sei, wenn in ihm gut erzogene Bürger leben, als wenn schlecht erzogene, — daran zweifelt niemand." Aber aus dem wahren Satze, dem Staate bringe die richtige Erziehung Vorteil, werde in vielen Köpfen der falsche: Die Erziehung ist um desto richtiger, je mehr Vorteil sie dem Staate bringt; d. h. man setzt die mittelbaren Wirkungen der Erziehung als oberste Aufgabe und zerstört gerade damit die Sicherheit, auf diese Wirkungen hoffen zu dürfen. Aber diese einseitige soziale oder politische Zwecksetzung wird jeder Pädagogik immer nahe liegen, welche die prinzipielle Ethik nicht von den theoretischen Wissenschaften reinlich sondert. Denn nun wird das Würdige nicht deutlich erkannt, gesehen und gefühlt aber wird es ganz richtig am ehesten dort, wo es sich am augenfälligsten sammelt. Der Staat ist nicht nur „das Größte und Mächtigste auf Erden" (Enc. § 49), wenn es sich darum handelt, große Wirkungen zu erklären oder hervorzubringen, sondern in der allgemeinen Gesellung ist auch „alles, was auf Erden einen Wert hat, beisammen". Enc. § 46.

Der Vortrag über Erziehung unter öffentlicher Mitwirkung macht gegen die politisierende Pädagogik noch eindringlich geltend, daß „die Kunst des Erziehens einen Künstler fordert". Es wäre wohl des Nachdenkens wert, warum in unserer Zeit nach der starken

Betonung der sozialen Gebundenheit der Erziehung*) jetzt eine Periode gefolgt ist, welche nun wieder in dem Rufen und Streben nach künstlerischer Freiheit des Einzelnen die rechte Linie überschreiten muß.

Neben der bisher dargestellten Pädagogik unterscheidet nun Herbart noch „die Pädagogik im weitesten Sinne, worin sie das Ganze der Menschenbildung umfaßt". Aph. 2, bei Willmann zu U § 1 gestellt, vgl. auch die Abhandlung über die dunkle Seite der Pädagogik, 1812; K 3, 149; H 7, 65. Von dieser ist jene wohl „ein vorzüglicher Teil", es gehört aber auch die Erziehung der Erwachsenen und die Selbsterziehung dazu, und bekannt ist das Wort A P, Einl. 27: „Die Menschheit selbst erzieht sich fortdauernd durch den Gedankenkreis, den sie erzeugt." (Sie erzeugt aber nicht bloß Gedanken im rein intellektuellen Sinne, sondern das Wort Gedankenkreis ist in dem obigen Vollsinn zu nehmen; s. S. 150.) Einzelne Seiten des Gedankenkreises gewinnen dabei eine Bedeutung, die zum folgenden Gegenstande überleitet. „Nationalbildung zeigt sich in der Gesamtheit der Künste. Daher ist die schöne Literatur vorzüglich charakteristisch für jede Zeit einer Nation. Von der Idee der Nationalbildung aus sollte man die Kunst als ein Ganzes konstruieren können; natürlich in Verbindung mit Kirche, Staat, Schule als den Lebenszeichen der Nation." K 4, 609; H 1, 591. Noch bestimmter spricht die A. pr. Ph. (II 10) von den allgemeinsten politischen Zielen. „Nur was seiner Natur nach feststeht im Denken und in der Beurteilung, das Wahre, das Würdige, das Klassisch-Schöne, samt demjenigen Historischen, was durch eine hohe und allgemeine Achtung die Gemüter zu füllen vermag, — nur das kann dienen zu Mittelpunkten eines Gedankenkreises, der große

*) Vgl. die Verhandlungen über Erziehung und Gesellschaft bei Th. Vogt, Erläuterungen zum 22. Jahrb. des Vereins für wiss. Päd., 1890.

Menschenmassen für sich erziehen soll zur bürgerlichen Sicherheit und Wohlfahrt."

§ 47. Politik.

„Daß Politik und Pädagogik stammverwandt sind, braucht kaum noch gesagt zu werden. Einerlei praktische Philosophie zeigt beiden das Ziel; einerlei Psychologie beiden die Mittel und Hindernisse; ohne praktische Philosophie und Psychologie sind beide nichts als Routine, die, wenn auch großen und genialen Künstlern nachgeahmt, sich doch nicht zu allgemeiner Wissenschaft erhebt." Enc. § 234 der 2. A. Diese Erhebung war das, was Herbart eigentlich am Herzen lag. Die oben (S. 129) in bezug auf Kant gemachte Unterscheidung muß man auch auf ihn selbst ausdehnen. Hält man sich mit seinen Erwartungen innerhalb des „Geschäftskreises", den er sich nach wohlerwogenen Maximen gezogen, so kann man nicht mit Smidt (Erinnerungen an J. F. Herbart, als Privatmitteilungen 1843 niedergeschrieben für Prof. Hartenstein, jetzt K 1, XXIII ff.) sagen, Politisches habe ihn wenig interessiert. Vielmehr zeigen seine Schriften, z. B. allein schon seine Encyklopädie, daß auch sein klares Auge die Gesamtheit der menschlichen Angelegenheiten zu durchschauen suchte und sein Herz bei den Brüdern blieb. Was aber Smidt mit Recht sagen kann, wird klar, wenn man sich die Widmung vorhält, mit welcher ihm Herbart seine „Allg. Päd." übersandte. Der Scholarch werde von dem, was er zunächst in dem Buche suche, wenig finden. „Gebe der Himmel, daß du immerfort als Senator der freien Reichsstadt Bremen viel zu sehr mit öffentlichen Geschäften überhäuft sein mögest, als daß du jemals mit mir in guter Muße grübeln könntest über die tiefere Philosophie der Pädagogik. . . . Den Wissenschaften wird hoffentlich immer irgend eine Freistatt bleiben, wo sie ihr Geschäft fortführen können." Hier unterscheidet Herbart deutlich das berufsmäßige Denken und das berufsmäßige unmittelbare Eingreifen in den

Lauf der Dinge. Ebenso bestimmt geht aus Smidts Worten hervor, daß er, der durch Anlage und Umstände frühzeitig auf das Gebiet des unmittelbaren Handelns gewiesen worden war, bei Herbart Neigung, Tätigkeit und Takt (S. 139) nach dieser Seite hin vermißt; umgekehrt versichert er, daß er selbst „in den seitdem verflossenen 41 Jahren aller von Zeit zu Zeit eintretenden Lustanwandlungen ungeachtet" zur Wiederaufnahme seiner früheren philosophischen Studien nicht gekommen sei. Die Widmung zeigt, wie sehr Herbart auch diejenige Seite schätzte, die dem von ihm ergriffenen Berufe gegenüber stand; seinem ganzen Systeme nach sollte sein Denken immer jenen Handelnden und ihren großen Aufgaben d i e n e n. „Vernünftige Wesen werden wirklich immerfort größtenteils Mittel, das kann gar nicht anders sein ... Ja, jedes Individuum s o l l seinen Wert großenteils darin suchen, andern zu dienen. Die Gesamtheit ist so wichtig, daß in ihr das Individuum sogar g e r n verschwindet. Wer sich selbst zum Zweck macht, ist ein Egoist." H 9, 397. So fest er also nach dem Obigen darauf dringt, daß die Erziehung jeder unmittelbaren politischen Betrachtungsweise sich enthalte, so beharrlich wacht er darüber, daß die Politik g e s e l l s c h a f t l i c h e Psychologie und Ethik sein oder werden soll. Daher z. B. die Bedenken gegen die Bestrebungen, das Parteiwesen in Deutschland heimisch zu machen; daher die Hinweise auf den verwerflichen Geist mancher Sondergruppen, auf den natürlichen Ursprung der Standesunterschiede und die Notwendigkeit ihrer Milderung durch Moral und Religion.

Dies alles würde noch mehr in die Augen fallen, wenn er die Politik systematisch ausgeführt oder wenn jemand das reiche Material in der Weise von Schoel (§ 39) oder Hostinsky (§ 13) bearbeitet hätte. Vielleicht wird aber diese Arbeit im ganzen mit ersetzt durch das Werk von O. Flügel: Idealismus und Materialismus in der Geschichte, 1898, worin Herbarts Grundlehre festgehalten, der ganze Gegenstand aber zur Gegenwart in Beziehung gesetzt wird. Vgl. auch Thilo, Die theologisierende Rechts- und Staatslehre, mit besonderer Rücksicht auf die Rechtsansichten Stahls, 1862. Auf dem Sondergebiete des Rechtslebens haben Herbarts Ansichten erfolgreiche Anwendung und Fortbildung erfahren durch Geyer, und Simson, der erste Präsident des Reichsgerichts, hat es noch bei seinem fünfzigjährigen Amtsjubiläum zu den glücklichsten Umständen seines Lebens gezählt, erst sieben Jahre Herbarts Schüler und dann über zwei Jahre sein Kollege gewesen zu sein. Es scheint, daß Herbart zuweilen gerichtliche Gutachten über Zurechnung abzugeben gehabt hat; in der Zeitschrift für Kriminal-Rechtspflege Bd. 23, 358 bemerkt Hitzig: „Wenn alle solche psychologische Parere abzugeben geeignet wären, als der berühmte Herbart, so möchte man wünschen, der Richter wäre durch Gesetz an solche Beihilfe gewiesen.“ Flügel, Herbarts Lehren S. 56.

Zunächst muß nun die Psychologie, bevor sie mit der Ethik in Verbindung tritt, in der oben angedeuteten Weise erst noch ein Stück allein weiter gehen. Jede kleine oder große Gesellung, insbesondere auch den Staat soll man zuerst nur ansehen als notwendiges natürliches Erzeugnis; über den Gegensatz zu Rousseau, der hierin liegt, nachher. Diese Ansicht ist demnach rein theoretisch, d. h. sie erklärt Erscheinungen aus Ursachen und steht zu der ganzen Gesellschaftslehre etwa in demselben Verhältnis wie die „psychologische Pädagogik“ zur ganzen Pädagogik (S. 137). Sie sollte daher ebenso wie Psychologie, Physiologie und Naturphilosophie eine synthetischen und einen analytischen Teil haben. „In jenen gehören die Betrachtungen über das natürliche Entstehen der Gesellschaft aus Lust, Bedürfnis und Gewalt; die Fortdauer derselben durch Gewohnheit und durch Assimilation der Jungen an die Alten; die Befestigung und Ausbildung durch Grundbesitz, Handel, Kunst und Wissenschaft; die Umwandlung durch veränderte Verfassung und Verwaltung. . . Der analytische Teil der Staatslehre hat nun die wirklichen, in der Erfahrung und Geschichte gegebenen Staaten vor Augen. Er soll aus den synthetischen Grundsätzen die Tatsachen erklären; und die pragmatische Geschichtsforschung soll sich in ihm zur Wissenschaft erheben.“ K 4, 267; H 1, 331.

Wo nun auf Einem Boden menschliche Kräfte und Interessen wirken, da findet sich, sobald die Menschen untereinander in das Gleichgewicht getreten sind, „allemal und notwendig der vierfache Unterschied der Dienenden, Freien, Angesehenen und Herrschenden". Frei heißt hier, wer selbst entscheidet über die Anordnung seiner Arbeit, dienend, wer hierin nicht seinem Plane folgen kann. Im Kreise der Freien liegen die Wurzeln der Geselligkeit, „an welcher die Dienenden nur insofern, als es ihnen erlaubt wird, — das heißt meistens, insofern man sie zur Arbeit brauchbar findet, einen Anteil bekommen. Die Angesehenen haben ursprünglich am wenigsten geselligen Geist. Das Ansehen isoliert die Person; denn sie gilt schon etwas für sich allein, sie braucht sich nicht anzuschließen. . . . Weit weniger Willkür bleibt dem Herrscher." Enc. § 50; 89 bis 91.

Auf dem einen Boden können viele Gesellungen entstehen. Die Einzelnen „sind noch nicht gesellet, solange jeder etwas Eignes für sich sucht; sie haben sich gesellet, sobald sie etwas wie mit Einer Gesinnung gemeinsam betreiben. Ohne vereinigtes, verschmolzenes Wollen gibt es keine Gesellschaft." Die Seele einer jeden ist der gemeinsame Wille des festgesetzten Zweckes. Dieser Gemeinwille gibt der Gesellschaft die Form, die man darum nicht als Erzeugnis der Willkür ansehen darf. Allemal ist die Natur der Dinge zu befragen, welchen Einrichtungen man sich unterwerfen müsse. „Eine kriegerische Gesellschaft bedarf des Anführers und der Subordination; eine Erholungsgesellschaft leidet keinen Zwang" u. s. w. Aber Naturbedürfnisse können statt einer Gesellschaft mit echtem Gemeinwillen auch nur einen Verkehr erzeugen, bei welchem jeder, damit er zu seinem Zwecke gelange, sich den Zweck der andern als Mittel gefallen läßt, so lange er es für gut findet. Will man, daß die Verbindung Bestand habe, so empfindet man es bald genug, daß sie eines äußeren Bandes bedarf. „Man läßt sich die Macht gefallen; oder stiftet eine. Die Gesellschaft verwandelt sich in den Staat."

Aber „Macht ist nicht mehr Macht, wenn sie auf dem Boden, wo sie wirken soll, nicht allein wirkt. Der zweifelhafte Kampf mehrerer Mächte würde nichts schützen. Haben daher mancherlei Gesellschaften sich auf demselben gebildet, oder laufen auch nur teilweise die Sphären derselben durcheinander: so folgt sogleich, daß nicht jede dieser Gesellschaften, einzeln für sich genommen, eine Macht errichten und sich dadurch schützen kann; sondern daß der ganze Boden, so weit die einander kreuzenden Gesellungen reichen, von der nämlichen Macht muß beherrscht werden." So ist der Staat dem bloß theoretischen Begriffe nach „Gesellschaft, durch Macht geschützt". Sein Zweck ist die Summe aller Zwecke aller Gesellschaften, die sich auf seinem Machtgebiete gebildet haben oder noch bilden werden und in der Voraussetzung, daß er sie schützen wird, seine Macht anerkennen. Privatwillen, Formen und Macht sind die „Faktoren des Begriffs vom Staate." A. pr. Ph. II 5.

In historischer Hinsicht muß bemerkt werden, „daß, wie vollständig auch die natürliche Gestalt des Staates erhalten sein mag, sie doch niemals das reine Resultat der eben jetzt lebendigen Kräfte sein kann, sondern allemal ein Residuum früheren Erwerbs, früheren Ansehens, früherer Meinungen, Sitten und Formen in sich schließt. Das Alte macht sich zugleich ehrwürdig und unentbehrlich, und bevor es den dringendsten Verbesserungen im einzelnen unterworfen wird, hat schon anderes, das einst neu hieß, den Rost der Jahre erlangt; so daß niemals die Zeit kommt, wo das Ganze des Staats neu wäre und den gegenwärtigen Antrieben vollkommen entspräche." Daraus folgt jedoch nicht etwa, daß das Alte schlechthin immer erhalten werden solle. „Hat das System der Kräfte in der Gesellschaft sich gegen eine frühere Zeit wesentlich verändert; ist das Verhältnis der Dienenden, der Freien und der Angesehenen nicht mehr das nämliche wie in einer früheren Zeit: so hilft kein eigensinniges Zurückrufen der alten Formen." Enc. § 92. 93.

Dieser rein theoretische Begriff der Gesellschaft und des Staates läßt die Art der Zwecke ganz unbestimmt, usurpiert aber trotzdem, ohne daß es immer gemerkt wird, oft den Rang einer Idee (S. 58). Wendet man nun den Blick zur Ethik, so kann jetzt das oben (S. 73) erwähnte „zweite Ideal" genau bestimmt werden. In der beseelten Gesellschaft setzen die Ideen unabhängig von allem Privatwillen „den Zweck, den niemand, ohne zu mißfallen, weigern kann für den Gegenstand des allgemeinen, und daher auch seines eignen darin begriffenen Willens zu erkennen". Damit müssen also alle einzelnen Zwecke sich auf irgend eine Weise in Verbindung setzen lassen. Soll auch der Staat als beseelte Gesellschaft gedacht werden, so müssen die von mancherlei Willkür herrührenden kleineren Gesellungen sich auflösen in die Artikulation der beseelten Gesellschaft (S. 70). Die Absichten der Privatwillen müssen sich ordnen nach den Ideen der Verbindungen für Recht, Lohn, Verwaltung, Kultur und sich gemäß den vorhandenen Bedingungen für die Realisierung der Ideen ihre Formen geben. Die Macht, sofern sie gegen die Privatwillen wirkt, findet ihre Richtschnur in den Regeln des Rechts- und Lohnsystems; sie muß aber auch das übernehmen, „was durch konzentrierte Kraft dem Verwaltungs- und Kultursystem mag zu leisten sein". A. pr. Ph. II 5.

Mit diesem letzten Punkte hat Herbart bereits vor 100 Jahren das Programm einer richtigen Sozialpolitik geschrieben und aus seiner Lehre heraus als sittlich notwendig nachgewiesen. Die Macht ist ein Merkmal des Begriffes vom Staate, und zwar dasjenige, in welchem die Kraft der Gesellschaft konzentriert ist; darum hat sie nicht etwa den Bestrebungen für allgemeine Verbreitung des Wohlwollens bloß zuzusehen und zu verhindern, daß denselben kein unrechtmäßiger Widerstand geleistet werde, sondern sie selbsttätig zu fördern. (Man vgl. Thilo in der Zeitschr. für exakte Philos. 18. Bd., 1892, S. 28.) In einem späteren Kapitel spricht Herbart über Beschäftigungen, Gesinnungen, Familien- und Dienstverhältnisse als Prinzipien des Fortganges und Rückganges und führt dabei aus: „Wie die Konkurrenz der Arbeiter die Arbeit verbessert, so hebt die doppelte Konkurrenz der Dienenden und Lohnenden allmählich den äußeren Zustand des Dienenden. Unter mehreren, welche das Produkt seines Fleißes wünschen, entsteht Wetteifer, ihn so zu unterstützen, daß er wirklich in die dem Werk am meisten zuträgliche Lage komme. Fühlt er auch noch die Abhängigkeit von der Natur, welche jeden Arbeiter auf besondere Art beschwert, so findet er sich doch frei von den Menschen, die sein Treiben nicht mehr hindern. So erhebt sich bei aller Verschiedenheit der Beschäftigungen und Vorteile ein Wohlgefühl von bürgerlicher Gleichheit, indem jeder an seiner Stelle ist und wohl weiß, er könne aus derselben nicht weit herausgehen, ohne untüchtig zu werden." A. pr. Ph. II 7.

Freilich muß Herbart auch allgemein hinweisen auf „das Vorurteil, als ob aus dem Vortrefflichen nur Vortreffliches erzeugt werde". Das nächste Erzeugnis einer ideal gerichteten Verwaltung ist „Wohlsein und Genuß; der Genuß aber erzeugt neue Wünsche! Die Stillung einer Begierde ist die Entfesselung von zehn andern." A. pr. Ph. II 6. Auch dazu erleben wir immerfort die Kommentation. Es liegt nahe, hier eine mittelbare Aufgabe der Erziehung im weiteren wie im engeren Sinne zu sehen, und Herbart bezeichnet es auch als einen Mangel der Staatslehre Platos, daß er an „Volksbildung" nicht gedacht habe. Die Tatsache selbst, daß das Vortreffliche nicht immer Vortreffliches erzeuge, ist nur vielleicht der fühlbarste Ausdruck davon, daß die Politik als Anwendung aus zwei Grundlagen Weisungen annehmen muß. „Daher muß die Wissenschaft einerseits ein hohes Ziel aufstecken und alles Tun als dorthin gerichtet bezeichnen; andrerseits bekennen, daß sehr oft das Mögliche viel mehr als das, was sein soll, in Frage kommt, damit die Beobachtung lehre, was man tun könne, und was man dagegen nicht unternehmen solle, um nicht die Zeit zu verderben." Enc. § 234 der 2. A. Mit besonderer Rücksicht auf die sozialen Bewegungen der Gegenwart ist bearbeitet: Rein, Grundriß der Ethik mit Beziehung auf das Leben der Gegenwart, 2. Aufl. 1906.

Das völlige Gegenteil der Gebundenheit, die hiermit aufgezeigt wird, ist das ungezügelte Verlangen nach immer größerem Genuß und allgemein jede Art von Willkür. „Niemals darf ein Zustand gepriesen werden, worin die Majorität der Stimmen das höchste Gesetz, die oftmals bessere Minorität aber bloß darum, weil sie Minorität ist, zu schweigendem Gehorsam verwiesen wird. Je größer die Menge derer ist, welche sprechen: Stat pro ratione voluntas, desto schlechter ist der öffentliche Zustand." Enc. § 233 der 2. A. „Nirgends soll Willkür sein; überall soll die Pflicht herrschen. Weder unten noch oben in der Gesellschaft hört das Sollen auf; wir alle, ohne Ausnahme, sollen auf unseren Posten stehen, und es ist durchaus nicht erlaubt, den Staat als Werk eines beliebigen Kontrakts zu beschreiben. Rousseau mag für seine Person Entschuldigung finden; aber für seine Lehre gibt es keine haltbare Verteidigung. Es heißt die wahre Natur des Staates auf den Kopf stellen, wenn man ihn nach Art einer Handelsgesellschaft betrachtet, die auf größten gemeinsamen Gewinn ausgeht, und die sich wohl nach Belieben auflösen könnte, wenn andere Hoffnung auf größeren Vorteil sich ihr eröffnete." Ein Volk „soll seine Geschichte fortsetzen. Es soll in jedem Moment die nächsthöhere Stufe seiner sittlichen Veredelung erstreben, wenn es kann: wo nicht, wenigstens die jetzige als feste Basis den Nachkommen überliefern. Hier ist nichts von Willkür eines Kontraktes, sondern der Verein des Volkes in Sprache, Kirche, Gesetz und Sitte ist ein gegebenes Werk der Natur, und das Gebot der

Pflicht schreibt die Bewegung vor, zu welcher man vereinigt ist.“ K 9, 10; H 9, 232. „Lasse man nur nicht unbedingte Gewerbefreiheit eintreten, worin der Eigennutz des Einen den des Andern zügeln soll. . . Beschränke man die großen Erbschaften; so wird der Geist des Gewinnes weniger dem Luxus in die Arme rennen. Hohe Steuern für Reiche sind insofern eine Wohltat; damit die Menschen nicht verzogenen Kindern gleichen. . . Die Staatsmänner, die wahren Patrioten im Staate müssen bei der Verbreitung des Wohlstandes sich als wirkend für andere darstellen; . . so würde der Wahn schwinden, die Lehre unserer Religion sei nur ein Traum, daß man sein Vermögen anzusehen habe als ein geliehenes Pfund.“ H 9, 433. Die besseren Kräfte sind also nicht wie die bloße Willkür und Begehrlichkeit niederzuhalten, sondern ihnen ist möglichst freie Bahn zu schaffen, und sie müssen diese selbst suchen. Darum begrüßte Herbart die Hebung des „Kommunalgeistes“. A. pr. Ph. II 10; Anal. Bel. § 173. 181. Auch darum war er gegen Fichtes Losreißung der Erziehung von den Familien. Hierauf gründete sich die von Mager und Dörpfeld ausgebildete Schulpolitik.

„Alle Untersuchung dieser Art kann nur dazu dienen, den höchsten sittlichen Ernst zu empfehlen. Von ihm muß die Begeisterung ausgehn für Wissenschaft und Tat. Und kann er nirgends einen festen Ruhepunkt erschauen: so bleibt ihm zur letzten Stütze nur die Religion. Zu ihr wenden sich endlich alle Sorgen. Wie viele edle Staatsmänner mögen das schon in der tiefsten Brust empfunden haben, wenn sie scheiden mußten von dem Werke ihres Lebens, das sie notwendig unvollendet, ohne Sicherheit für die Zukunft verließen!“ Enc. § 100.

§ 48. Geschichte der Philosophie.

Alle bisher angesponnenen Fäden laufen endlich zusammen oder nebeneinander her in der Geschichte der Philosophie; es läßt sich aber auch hier unterscheiden das

„eigentliche historische Interesse", das den Forscher treibt und nicht cui bono fragt, von dem Wunsche, die Geschichte dem Philosophieren selbst direkt nützlich zu machen. Die Hochschätzung der ersten Art sehe man Met. I, Schluß; in Herbarts Sinne sind bearbeitet das öfter genannte Werk von Thilo und das leider nur angefangene Werk von Strümpell. Über die zweite Art sagt Herbart: „Die Geschichte sammelt alles, was groß ist; ihr Warnungsspiegel zeigt, was man vermeiden soll, und dafür sind gerade die deutlichsten Warnungsmuster ihr die liebsten." K 8, 418; H 13, 42. Wer sie so ansieht, der läßt sich nicht treiben durch die Absicht, alle Systeme kennen zu lernen, sondern er sucht „gerade vorwärts in seinem Nachdenken zu gehen, so wie der Stachel der aufgegebenen Probleme ihn treibt". Einl. § 133 [156]. In diesem Sinne behandelt der I. Teil der Metaphysik „die Metaphysik als historische Tatsache". Viel später hat Ranke in einem Briefe das Bild einer Geschichte der Philosophie gezeichnet, welche jedes einzelne Problem durch die verschiedenen Zeiten und die Versuche, es zu lösen, verfolge. Ohne diesen Wunsch des großen Historikers gekannt zu haben, hatte O. Flügel den Gedanken durchgeführt in dem Werke: „Die Probleme der Philosophie und ihre Lösungen" (4. Auflage 1906), das durch seine Anlage trotz des mäßigen Umfanges eine einzigartige belehrende Kraft besitzt. In der Geschichte der Pädagogik zeigen die Schriften und Abhandlungen von Theod. Vogt das Bestreben, auf die Anliegen der Gegenwart das Licht der Vergangenheit fallen zu lassen; seine Ansicht war aber, daß man der einstigen Bearbeitung einer ganzen derartigen Geschichte der Pädagogik jetzt noch vor allem vorarbeiten müsse durch historische Monographien. — Für jede Art aber bleibt Herbarts Wort in Geltung: „**Die Wahrheit liegt nicht hinter uns, sondern vor uns.**"

Register.

MIX
Papier | Fördert
gute Waldnutzung
FSC® C083411

Kolibri 360 GmbH
Ferdinand-Jühlke-Straße 7
99095 Erfurt, Deutschland
produktsicherheit@kolibri360.de